新 視 野
中華經典文庫

新　視　野
中華經典文庫

禮記　孝經

名譽主編　饒宗頤

導讀　劉志輝

譯注　劉志輝　胡平生　陳美蘭

中華書局

新視野中華經典文庫

禮記　孝經

□
導讀
劉志輝

□
譯注
劉志輝　胡平生　陳美蘭

□
出版
中華書局（香港）有限公司
香港北角英皇道 499 號北角工業大廈一樓 B
電話：（852）2137 2338　傳真：（852）2713 8202
電子郵件：info@chunghwabook.com.hk
網址：http：//www.chunghwabook.com.hk

□
發行
香港聯合書刊物流有限公司
香港新界大埔汀麗路 36 號
中華商務印刷大廈 3 字樓
電話：（852）2150 2100　傳真：（852）2407 3062
電子郵件：info@suplogistics.com.hk

□
印刷
深圳中華商務安全印務股份有限公司
深圳市龍崗區平湖鎮萬福工業區

□
版次
2013 年 4 月初版
2019 年 1 月第 2 次印刷

□
規格
大 32 開（205 mm × 143 mm）

□
ISBN：978-988-8236-22-0

出版說明

為甚麼要閱讀經典？道理其實很簡單——經典正正是人類智慧的源泉、心靈的故鄉。也正是因此，在社會快速發展、急劇轉型，因而也容易令人躁動不安的年代，人們也就更需要接近經典、閱讀經典、品味經典。

邁入二十一世紀，隨着中國在世界上的地位不斷提高，影響不斷擴大，國際社會也越來越關注中國，並希望更多地了解中國、了解中國文化。另外，受全球化浪潮的衝擊，各國、各地區、各民族之間文化的交流、碰撞、融和，也都會空前地引人注目，這其中，中國文化無疑扮演着十分重要的角色。相應地，對於中國經典的閱讀自然也就有不斷擴大的潛在市場，值得重視及開發。

於是也就有了這套立足港臺、面向海外的「新視野中華經典文庫」的編寫與出版。希望通過本文庫的出版，繼續搭建古代經典與現代生活的橋樑，引領讀者摩挲經典，感受經典的魅力，進而提升自身品位，塑造美好人生。

本文庫收錄中國歷代經典名著近六十種，涵蓋哲學、文學、歷史、醫學、宗教等各個領域。編寫原則大致如下：

（一）精選原則。所選著作一定是相關領域最有影響、最具代表性、最值得閱讀的經典作品，包括中國第一部哲學元典、被尊為「群經之首」的《周易》，儒家代表作《論語》、《孟子》，道家代表作《老子》、《莊子》，最早、最有代表性的兵書《孫子兵法》，最早、最系統完整的醫學典籍《黃帝內經》，大乘佛教和禪宗最重要的經典《金剛經》、《心經》、《壇經》，中國第一部詩歌總集《詩經》，第一部紀傳體通史《史記》，第一部編年體通史《資治通鑒》，中國最古老的地理學著作《山海經》，中國古代最著名的遊記《徐霞客遊記》，等等，每一部都是了解中國思想文化不可不知、不可不讀的經典名著。而對於篇幅較大、內容較多的作品，則會精選其中最值得閱讀的篇章。使每一本都能保持適中的篇幅、適中的定價，讓普羅大眾都能買得起、讀得起。

（二）尤重導讀的功能。導讀包括對每一部經典的總體導讀、對所選篇章的分篇（節）導讀，以及對名段、金句的賞析與點評。導讀除介紹相關作品的作者、主要內容等基本情況外，尤強調取用廣闊的「新視野」，將這些經典放在全球範圍內、結合當下社會生活，深入挖掘其內容與思想的普世價值，及對現代社會、現實生活的深刻啟示與借鑒意義。通過這些富有新意的解讀與賞析，真正拉近古代經典與當代社會和當下生活的距離。

（三）通俗易讀的原則。簡明的注釋，直白的譯文，加上深入淺出的導讀與賞析，希望幫助更多的普通讀者讀懂經典，讀懂古人的思想，並能引發更多的思考，獲取更多的知識及更多的生活啟示。

（四）方便實用的原則。關注當下、貼近現實的導讀與賞析，相信有助於讀者「古為今用」、自我提升；卷尾附錄「名句索引」，更有助讀者檢索、重溫及隨時引用。

（五）立體互動，無限延伸。配合文庫的出版，開設專題網站，增加朗讀功能，將文庫進一步延展為有聲讀物，同時增強讀者、作者、出版者之間不受時空限制的自由隨性的交流互動，在使經典閱讀更具立體感、時代感之餘，亦能通過讀編互動，推動經典閱讀的深化與提升。

這些原則可以說都是從讀者的角度考慮並努力貫徹的，希望這一良苦用心最終亦能夠得到讀者的認可、進而達致經典普及的目的。

「弘揚中華文化」是中華書局的創局宗旨，二〇一二年又正值創局一百週年，「承百年基業，傳中華文明」，本局理當更加有所作為。本文庫的出版，既是對百年華誕的紀念與獻禮，也是在弘揚華夏文明之路上「傳承與開創」的標誌之一。

需要特別提到的是，國學大師饒宗頤先生慨然應允擔任本套文庫的名譽主編，除表明先生對本局出版工作的一貫支持外，更顯示先生對倡導經典閱讀、關心文化傳承的一片至誠。在此，我們要向饒公表示由衷的敬佩及誠摯的感謝。

倡導經典閱讀，普及經典文化，永遠都有做不完的工作。期待本文庫的出版，能夠帶給讀者不一樣的感覺。

中華書局編輯部

二〇一二年六月

目錄

禮記

今天，為什麼我們還要讀《禮記》？——《禮記》導讀 〇〇三
曲禮 〇二五
檀弓 〇六三
王制 〇八五
禮運 一三七
學記 一四三
樂記 一六七
祭法 二〇八
祭義 二二二

經解 二三三
仲尼燕居 二四三
冠義 二五七
昏義 二六四

孝經

在「孝」以外——《孝經》的現代詮釋
——《孝經》導讀 二七九
開宗明義章第一 二九五
天子章第二 三〇一
諸侯章第三 三〇五
卿大夫章第四 三〇九
士章第五 三一三
庶人章第六 三一七

三才章第七 三一〇
孝治章第八 三一四
聖治章第九 三一八
紀孝行章第十 三三四
五刑章第十一 三三八
廣要道章第十二 三四一
廣至德章第十三 三四四
廣揚名章第十四 三四八
諫諍章第十五 三五二
感應章第十六 三五六
事君章第十七 三六一
喪親章第十八 三六四
名句索引 三六九

禮記

今天，為什麼我們還要讀《禮記》？

——《禮記》導讀

劉志輝

一、《禮記》的作者、成書及研究

《禮記》，又稱《小戴禮記》。

在先秦時期，《禮記》並未成書，它只是單篇流傳，或被收錄在一些儒家弟子的「記」文之中，所以《禮記》的篇章並非成於一人之手。至於《禮記》的編撰人是誰，歷來說法紛紜，據《隋志》、《唐志》所載，西漢宣帝時，禮學家戴聖將春秋末年至戰國晚期一些解釋和補充《儀禮》的文獻編纂成書。不過，按孔穎達《禮記正義．序》引東漢鄭玄《六藝論》云：「戴德傳記八十五篇，則《大戴禮》是也；戴聖傳禮四十九篇，則此《小戴禮》是也。」這裏只說了戴聖傳授《小戴禮》，卻未說戴聖是編者。關於今本《禮記》的編者誰屬，從來就各有說法。不過據近現代之學者考證，戴聖為今本《禮記》的編者的可能性頗大。

漢宣帝時，戴聖（叔）、戴德（姪）與慶普的禮學，號稱為《儀禮》三家之學，至漢平帝時，三家同被立為官學。故大、小二戴《禮記》都是今文學派的作品。

與此相比，若說大、小二戴的《禮記》是屬於今文學派的，那麼漢代劉向（前七十七年—前六年）的《禮記》輯本則是古文學派的代表。據《漢書・藝文志》記述：「有《記》（即《禮記》）百三十一篇、《明堂陰陽》三十三篇、《王史氏》二十一篇、《樂記》二十三篇、《孔子三朝》七篇」，上述各篇可能都是劉向《禮記》的輯本來源。據研究顯示，就成書時間而言，大戴《禮記》可能成書於宣帝中期，小戴《禮記》約成書於元帝永光四年至五年之間。至於成帝末年，始有劉向《禮記》問世。[1]

眾所周知，今、古文經在兩漢經學上一直糾結不清，關係複雜，而上述的三種《禮記》輯本，雖然在材料選編和篇目訂定上都各有取捨，互不相襲，但是三者都可以說是今、古文經「互動」的「混合體」。以對古文《禮記》的吸收為例，三部《禮記》中，劉向最為積極，他輯

1 王葆玹：〈禮類經記的各種傳本及其學派〉，姜廣輝主編：《中國經學思想史》（北京：中國社會科學出版社，2003），頁223。

錄了二百〇四篇古文經，戴德次之，戴聖最少，僅從古《禮記》二百餘篇中選取了四十餘篇，然而，比較大小戴與劉向三家整合《禮記》的做法，可以看出其中的分歧並不是今古文經學的分歧。[2]到了東漢，大、小二戴的《禮記》壟斷了官學的位置，但據《後漢書·儒林傳》所記，官方今文經的傳人頗多，唯獨今文系統的大、小二戴《禮》學的傳人「不顯」，未記名氏，由此可見，大、小二戴《禮》學在東漢時已逐漸衰微。

不過官學畢竟是官學，小戴《禮記》（下稱《禮記》）早已有人研究或作注疏，據《後漢書·橋玄傳》記載，戴聖在世之時，弟子橋仁已著《禮記章句》四十九篇。其後，馬融（《禮記注》）、盧植（《禮記解詁》）等都對《禮記》進行注解。當然，東漢末年鄭玄的《禮記注》是至今仍然完整保存的《禮記》最早注本。除了曹魏至西晉時王肅的《禮記》三十卷被立為官學，鄭玄之學曾一度被壓抑之外，鄭氏的《禮記》一直為學者所宗。至南北朝時期，義疏之學興起，是時南朝皇侃（《禮記義疏》四十八卷），北朝熊安生（《禮記義疏》三十卷）均以為鄭注《禮記》作義疏而聞名。皇、熊二氏之《禮記義疏》開唐人注疏之先河，唐太宗時期，國子祭酒孔穎達（五七四—六四八）奉詔考訂《五經》，把《禮記》（《小戴禮記》）與《周易》、《尚書》、《毛詩》、《春秋左氏傳》並舉，撰寫成官方經學教科書——《五經正義》。自此，《禮記》正式擠身

2 王葆玹：《今古文經學新論》（北京：中國社會科學出版社，1997），頁313—314。

「經」的行列，而且廣受天下讀書人的歡迎。又因孔氏宗鄭氏之學，又好南學，使鄭玄之學得以彰顯，不過其他注本皆不傳。

漢唐以後，研究經學的風氣漸變。趙宋一朝，研究《禮記》的不再恪守鄭注、孔疏，而着重作義理的解讀。宋代治《禮記》之學最力者為南宋人衞湜，他的《禮記集說》共一百六十卷：「採百四十四家《禮記》」之說[3]，保留了漢至南宋以來諸家學說。到了元代，又有吳澄的《禮記纂言》三十六卷和陳澔的《禮記集說》十卷，後者於明代永樂以後為科舉取士之經則。至於明代，研究《禮記》者多附會之說，其中較有影響力的為黃道周的《禮記解》五篇，此書多指辨鄭玄之說，駁難前人之學，頗有宋學遺風。

迄至清代，經學大盛。對《禮記》的研究大致可分為三類：一、是對《禮記》部分篇章作深入研究，如黃宗義的《深衣考》一卷；二、是對雜見於禮經總義和經書考證的著述，如李光坡的《三禮述注》；三、是對《禮記》全書進行整體研究。如王夫之的《禮記章句》四十九卷、孫希旦的《禮記集解》六十一卷、朱彬的《禮記訓纂》四十九卷，而孫、朱二人之作可以說是清代《禮記》研究的代表作，前者較後者更為人所樂道。

到了近現代，比較有影響力的《禮記》研究有：梁啟超的《要籍解題及其讀法》、王文錦《經

3 紀昀等編：〈經禮·禮類〉，《四庫全書總目提要》，第二十一卷，頁169。

書淺談》，二者不僅對《禮記》四十九篇作出了分類，而且又劃分了內容。王夢鷗的《禮記今注今譯》、楊天宇的《禮記譯注》、錢玄的《禮記（注譯）》、王文錦的《禮記譯解》等，都對《禮記》一書作詳細今注，並載有白話譯文。而近年丁鼎的《禮記解讀》雖然只在《禮記》中選了二十四篇進行解讀，但其導言部分對《禮記》的學術價值、成書、各篇編者和寫作年代、各篇的篇名、內容及分類，以及《禮記》學的發展和演變均有記述，實是研究《禮記》的一本入門書。當然，若欲一窺《禮記》之風貌，則胡平生、陳美蘭譯注的《禮記　孝經》可謂是不二之選。

從象牙塔內觀之，從來《禮記》研究多專注於由「記」看「禮」：集中關注成書年代、篇目編次與考訂，探討「記」的文學、哲學蘊涵的主題，或專注於由「記」證「禮」，即利用「記」文印證考古發現的真偽。[4]近年，《禮記》的研究進入了新里程。例如林素玟曾試圖構建《禮記》「整全一貫」的美學思想[5]，又嘗試從「神聖空間」對身體的審美治療價值切入，建構《禮記》的「審美治療」理論。[6]此外，又有學者從神話學的角度，探討《禮記》裏中國神話式歷史敘事與文

4 在日本，自明治（一八六八—一九一二）至昭和（一九二六—一九八九）時期，對《禮記》的研究是以文獻學的進路為主，或是以「思想史」方式作為研究的切入點。見工藤卓思：〈**近一百年日本《禮記》研究概況——1900－2008年之回顧與展望**〉，《**中國文哲研究通訊**》，第十九卷，第四期，頁53－101。

5 林素玟：《**《禮記》人文美學探究**》（台北：文津出版社，2001）。

6 林素玟：〈**《禮記》神聖空間的審美治療**〉，《**華梵大學學報**》，第十期（2008），頁1－35。

化編碼如何規約禮制文明的文化敘事[7]。

但作為中國的禮學「經典」，《禮記》又豈只會是象牙塔的「恩物」。從來，「經典」總是離不開不斷被「閱讀」和「詮釋」的過程。隨着時代洪流的沖刷，「經典」既載負着傳統文化的精華，同時又被賦予新的「時代意義」。

二、「禮」的意義

二十一世紀，是一個充滿「危機」的時代。上世紀的七十年代，新自由主義興起，把人類推向一個「以一己為中心」的境地。隨着全球經濟衰退和國際金融危機陸續登場，人們開始對「新自由」又愛又恨。簡單而言，我們同意個人的自由是可貴的，但也同時意識到「極端的個人主義」，會為人類帶來一場「自由的噩夢」。今天，我們讀《禮記》的時候，或許可以從古代的「禮儀」之中找到解救「危機」之道。

7 唐啟翠：《禮制文明與神話編碼》（廣州：南方日報出版社，2010），頁22。

若然我們同意「極端的個人主義」是當代政治、經濟和社會的「危機之源」，那麼《禮記》一書正好是一帖對症的良藥。所謂「禮源於俗」，《禮記》所記的不是老掉牙的「禮儀」，而是一種歷久常新的「生活體驗」。準確地說，《禮記》揭示的正是個人與他人、社會、國家，甚或是宇宙之間的「互動過程」。我們發現在《禮記》的世界裏，「人」不是單獨的「個體」，而「自我」的成長更是與他人、社會、國家「相輔相成」的。就此而論，個人履行「禮儀」，並非循規蹈矩的「守禮」，而是通過禮儀的實踐來成就自己。此外，若我們在履行禮儀的時候，明白到「互動」的意義為何，那麼我們早已經在不知不覺間，把「唯我獨尊」的「自我」消融在「禮儀」之中。

譬如，時至今日，中國人還愛講「禮尚往來」，每逢時節喜慶，「送禮」的環節總不可缺。「送／收禮」是一種「經驗」，它經常「發生」在日常生活之中。若然我們未能「發現」這種「經驗」背後的「意義」，那麼「送禮」還是一套繁文縟節而已。《禮記．曲禮上》記錄了以下一段話：

太上貴德，其次務施報。禮尚往來。往而不來，非禮也；來而不往，亦非禮也……夫禮者，自卑而尊人，雖負販者，必有尊也，而況富貴乎？富貴而知好禮，則不驕不淫；貧賤而知好禮，則志不懾。

富者，驕奢淫逸；貧者，志怯心疑，這是人類的「共性」。當我們讀了《禮記》，便會明白中國人講究「禮尚往來」（經驗）原來是表達「自卑而尊人」（意義）的生活態度。若我們能持守這種生活態度，便可以使富貴者「不驕不淫」，貧賤者「志不懾」。當我們明白「送禮之道」，就會曉得「禮尚往來」是一種源於經驗又超越經驗，包含主客又超越主客，涵蓋天人又超越天人的「整體的生活」體驗，個人「自我實現」的過程。

三、《禮記》是一部怎樣的書？

雖然有研究指出，《禮記》不僅是儒家禮學的文獻叢編，還是一部蘊含整全思想系統的經典。[8] 然而，不得不承認四十九篇的《禮記》（當中《曲禮》、《檀弓》、《雜記》各分為上、下篇，故全書實為四十六篇）內容龐雜非常。為了方便研讀，自東漢的劉向開始，已有不少人嘗試為《禮記》的篇章進行分類。大體而言，《禮記》的內容可分為以下幾方面：

8 陳章錫：〈《禮記》思想系統的探究〉，《興大中文學報》，第二十五期（2009年6月），頁3–31。

論述形式	分項說明	篇目
通論	通論禮意	〈禮運〉、〈禮器〉、〈經解〉、〈哀公問〉、〈仲尼燕居〉
	闡述儒家思想	〈孔子閒居〉、〈樂記〉、〈學記〉、〈大學〉、〈中庸〉、〈坊記〉、〈表記〉、〈緇衣〉、〈儒行〉
專論	解釋《儀禮》意義	〈冠義〉、〈昏義〉、〈鄉飲酒義〉、〈射義〉、〈燕義〉、〈聘義〉
	記有關喪禮制義	〈奔喪〉、〈檀弓〉上下、〈曾子問〉、〈喪大記〉、〈喪服小記〉、〈雜記〉上下、〈服問〉、〈間傳〉、〈問喪〉、〈三年問〉、〈喪服四制〉
	記有關祭禮制義	〈祭法〉、〈祭義〉、〈祭統〉
	記投壺之禮	〈投壺〉
散論	記日常生活禮節	〈曲禮〉上下、〈內則〉、〈少儀〉
	記重要禮制	〈王制〉、〈郊特牲〉、〈玉藻〉、〈明堂位〉、〈大傳〉、〈深衣〉
	記國家頒授政令	〈月令〉
	記世子教育及人材選拔制度	〈文王世子〉

上表見高明：《禮學新探・禮記概說》（北京：中華書局，2011），頁9—10；王錦文：《禮記譯解》（上）（北京：中華書局，2001），頁4—5。

《禮記》始於《曲禮》，終於《喪服四制》，按內容性質而言，可分以下幾類：一、通論禮儀的背後意義；二、闡述儒家禮學和修身思想；三、記述和解釋與生命歷程相關的禮儀；四、記述和說明祭禮；五、記述和說明重要禮制；六、其他制度：如國家政令、世子教育等。

如上所言，《禮記》是禮學和相關文獻的彙編，四十六篇文章（《曲禮》、《檀弓》、《雜記》三卷分為上下篇）的內容互不統屬，文章寫成的時間跨度也很長，如《哀公問》、《仲尼燕居》、《孔子閒居》是春秋末期到戰國初年的孔門文獻，而《文王世子》、《禮運》、《月令》、《明堂位》則是戰國晚期的文獻。所以上述的分類對讀者閱讀文本不無幫助，但若想更準確地掌握《禮記》，便先要洞悉本經要旨；如欲清楚本經要旨，又必先要明白春秋戰國時代「禮」的意義。

四、「禮」是什麼？又不是什麼？

「禮」是什麼呢？或許我們可以在《左傳》找到答案。

公元前五三七年，魯昭公訪問晉國，並依禮數「自郊勞至于贈賄」，可是晉國的大臣女叔齊卻批評昭公：「是儀也，不可謂禮」。其實，按禮言禮，魯昭公的行為並無不妥，但因為當時魯國君權旁落，政事日非，國家的「政治秩序」可謂蕩然無存，「禮」已失去「守其國，行其政令，無失其民」的作用，所以女叔齊才質疑魯昭公：「屑屑焉習儀以亟，言善於禮，不亦遠乎」。[9]

公元前五一七年，晉國的趙簡子訪鄭。當時，趙簡子向子大叔請教「揖讓、周旋之禮」，子大叔答曰：「是儀也，非禮也。」接着，趙簡子問「禮」的意義。子大叔回答說：「夫禮，天之經也，地之義也，民之行也」，又說：「禮上下之紀，天地之經緯也，民之所以生也，是以先王尚之」。不論是女叔齊還是子大叔，兩人對「禮」和「儀」的劃分都反映了春秋時代的「秩序危機」——「禮崩樂壞」，而「禮」正是時人用以處理上述「危機」的方案。

社會學家認為「禮」是「社會規範」（social norms），有學者認為《禮記》蘊含的「禮」是「內聖外王，修身治人」之道。[10] 以上的說法對不對呢？筆者認為無論「修身」也好，「治人」也罷，若無「秩序準則」作憑依，則一切無法定奪。所以《禮記．禮運》云：「故聖人參於天地，并於鬼神，以治政也。處其所存，禮之序也；玩其所樂，民之治也。」文中所言的「禮之序」，

9《左傳．魯昭公五年》。

10 陳章錫：〈《禮記》思想系統的探究〉，《興大中文學報》，第二十五期（2009年6月），頁31。

就是存在於天地四時，上下四方，人倫世界的「神聖秩序」。「禮」雖具有「社會規範」的作用，但「禮」的意義卻非「社會規範」一語所能涵蓋。

五、「禮」之「神聖秩序」的現代意義

「禮」之所以是「神聖秩序」，因為它是殷商文化所遺留的「宇宙神話」的延續。所謂「宇宙神話」，是指相信人世的秩序是植根於神靈世界和宇宙秩序的一種思想，這種神話相信宇宙秩序和人世秩序的基本制度是神聖不可變的。[11]「禮」所蘊含的「神聖秩序」對現代人而言還有意義嗎？

11 張灝：〈超越意識與幽暗意識——儒家內聖外王思想的再認識與反省〉，《張灝自選集》（上海：上海教育出版社，2002），頁28。

（一）閱讀《禮記》，重尋「真我」

《禮記．樂記》說：「禮者，天地之序也……序故群物皆別」，「秩序」是古往今來人類的共同需要，但和現代人不一樣，古人相信一切彼此相關的事物與現象之間，存在某種互相影響甚至是決定性的因果關係。《禮記》所表述的正是這樣的「世界」。《禮記．禮運》言：

> 夫禮，先王以承天之道，以治人之情。故失之者死，得之者生。

又謂：

> 夫禮，必本於天，殽於地，列於鬼神，達於喪祭、射御、冠昏、朝聘。故聖人以禮示之，故天下國家可得而正也。

在此，「禮」以自然秩序為本體，其落實在具體的人倫秩序之上，表現在各項儀式之中，這就是所謂「承天之道，以治人情」。說「禮」是「承天之道」，說明了它的「神聖義」；而「以治人情」即揭示「神聖的禮」最終還是在「人間」得到落實。如上所言，「禮」是「治人情」的，「人情」為什麼要「治」呢？《禮記．樂記》記載了以下的一段話：

人生而靜，天之性也；感於物而動，性之欲也。物至知知，然後好惡形焉。好惡無節於內，知誘於外，不能反躬，天理滅矣。夫物之感人無窮，而人之好惡無節，則是物至而人化物也。人化物也者，滅天理而窮人欲者也。

人能夠認識世界，是因為人有感知外界的能力，但因為「人之好惡無節」，不斷的「接應」外物（窮人欲），便會使本性中的「善」漸漸喪失（滅天理）。最後，「人」便會「物化」（人化物）。「人隨物化」是人性的幽暗面，同時也是現代社會人類面對的「危機」。

現代化時代是一個世俗化的時代，是一個除魅的時代，是一個價值多元的時代，是一個工具理性代替價值理性的時代。

在前現代的傳統社會，無論是歐洲還是中國，人們的精神生活之上都有一個超越的神聖世界。通過外在超越的方式（如西方的上帝），或是內在超越的形態（如孟子的「盡心知性知天」），人們可以與「神聖世界」聯成一氣。這個神聖世界提供了世俗世界的核心價值、終極關懷和生活意義。然而，進入近現代，神聖世界崩潰，超越的價值系統逐漸消解，人的精神生活開始世俗化。

隨着人的主體性位置的確立，人替代了超越之物而成為自己精神的主宰，理性、情感和意志獲得了獨立的自主性。人們的終極關懷、價值源頭和生活的意義不待外求，而從世俗生活本身自我產生。[12]「個人主義」在現代社會「獨當一面」，駕馭了社會，並操控了人心。翻閱《禮記》，我們或許可以重尋「真我」。何謂「真我」？《禮記．中庸》言：

> 唯天下至誠，為能盡其性；能盡其性，則能盡人之性；能盡人之性，則能盡物之性；能盡物之性，則可以贊天地之化育；可以贊天地之化育，則可以與天地參矣。

從「盡其性」到「盡人之性」，再從「盡人之性」到「盡物之性」，直至「贊天地之化育」，這其實是一個「自我實現」的過程，也是個體尋求「真我」的經歷。當我們能夠參與「天地」養育和成就萬物的工程，就已經與「神聖秩序」相交融，進入了所謂「天人合一」的境界。如此，「自我」已落實在宇宙大化的背景之中。

從時間而言，「自我」已載負了歷史，與現世並居，又承擔了開拓將來的責任；就空間而論，「自我」不是「一己」潛能的發揮，而是關顧他人，留心社會，注重國家，情牽世界的「自我」。

12 許紀霖：《啟蒙如何起死回生：現代中國知識分子的思想困境》（北京：北京大學出版社，2011），頁329—330。

（二）閱讀《禮記》，知人的可貴

誠如杜維明先生所言，要成為一個「本真的人」，固然是對己誠，待人忠，但同時也必然會產生一個「無止的過程」，一個「學做人」的過程。這個過程意味着「審美上的精緻化」（美學）、道德上的完善化（倫理）和信仰上的深化（宗教）[13]，而「禮」就是上述過程啟動的關鍵，《禮記．曲禮上》：

> 鸚鵡能言，不離飛鳥；猩猩能言，不離禽獸。今人而無禮，雖能言，不亦禽獸之心乎？夫唯禽獸無禮，故父子聚麀。是故聖人作，為禮以教人。使人以有禮，知自別於禽獸。

「人」能夠意識到「人禽之別」，是因為有「禮」的存在。當然，「禮」使我們「所以知」，而不可以令我們「所能知」。「人」之所以與「禽獸」有別，是因為人的「特殊」性：

> 故人者，其天地之德，陰陽之交，鬼神之會，五行之秀氣也。（《禮記．禮運》）

---

13 杜維明：〈儒家論做人〉，《儒家思想——以創造轉化為自我認同》（台北：東大圖書公司，1997），第53－54頁。

所引上文，強調「人」的與眾不同。「人」之異於禽獸，是源於人有「天地之德」，「陰陽之交」、「鬼神之會」，是集合「五行之秀氣」，所以「人」便擁有「道德自覺」的能力，有不斷完善自我的可能。

基督教告訴我們，人之所以尊貴，因為人是上帝所造的；《禮記》提醒大家，人之所以尊貴，是由於人源於天地，並紮根於「神聖秩序」之中。而「禮」就是「神聖秩序」在「生活世界」的體現。

（三）閱讀《禮記》，發現生活的「理」與「情」

所謂「生活世界」，是指我們可以直接經驗到的周遭世界。人，生於斯，長於斯，並藉着對「禮」的實踐，讓「自我」與天地大化合而為一，讓生命的意義得到落實。由此，「禮」並不是一種外在「規範」，而是被先賢「創造」和「轉化」，內化於人心，體現於「生活」的「理」。《禮記．禮器》說：

> 禮也者，合於天時，設於地財，順於鬼神，合於人心，理萬物者也。

「禮」源於「俗」，所以孔子說：「夫禮之初，始諸飲食」（《禮記．禮運》）。「俗」就是生活世界的人類歷史文化、行為習慣的沉澱。《禮記》中「禮」的創造原則，超越了具體繁文縟節之符號形式，它是將符號形式加以抽象化的過程，繼而化約為普遍性之概念。唯其成為普遍性之概念後，才能不局限於一隅，進而表現為人類共同情感之內容。[14] 同時，「禮」也是人類共同的「理」。「禮之理」的首要表現為「稱」。何謂「稱」？《禮記．禮器》云：

> 古之聖人，內之為尊，外之為樂，少之為貴，多之為美。是故先生之制禮也，不可多也，不可寡也，唯其稱也。

每個人在履行禮制的時候，要按身份和情況而行，過多或不足都是不合適的。為什麼《禮記》行禮的時候要「稱」呢？若從功能論之，人行禮不「稱」其「身份」，那麼「禮」的「分別」意義便會喪失。在春秋之時，所謂「禮崩樂壞」即是如此。當時的貴族不按身份，不理制度，就一己所好，做出種種僭越禮樂制度的行為。當孔子看見季氏演《八佾》之舞於庭，即憤然罵道：「是可忍也，孰不可忍也？」原因是季氏之舉不「稱」其「身份」。

14 林素玟：《〈禮記〉人文美學探究》（台北：文津出版社，2011），頁162。

此外，在「理」之內還包含了「情」，且先看看《禮記．檀弓下》孔子和子路的一段對話：

子路曰：「傷哉貧也！生無以為養，死無以為禮也。」孔子曰：「啜菽飲水，盡其歡，斯之謂孝。斂首足形，還葬而無槨，稱其財，斯之謂禮。」

自古以來，生養死葬是為人子者的基本「孝道」。在上文裏，子路以貧而歎無法盡生養死葬之義，孔子認為，禮儀背後的情意才是禮的本質。只要父母在生時，以盡其歡；父母亡時，稱財而葬，這就是禮的本意，也就是「禮之美」。

又例如有一次，孔子在衞國遇上送葬的行列，他駐足觀察後便對學生說：「善哉為喪乎！足以為法矣，小子識之。」是時，子貢不明所以說：「夫子何善爾也？」孔子就答道：「其往也如慕，其反也如疑。」很明顯《禮記．檀弓上》所記載的並不是禮制文儀，而是送葬孝子的情態，「往如慕，反如疑」正是喪親者對父母的「真情」流露。

隨着時代不同，「禮」的形式是會轉變的。譬如就喪禮而言，古禮的喪服共有緦麻、小功、大功、齊衰、斬衰五種。對於父母之喪，因為孝子的創傷甚鉅，所以要守喪「三年」。按《禮記》說，這是「稱情而立文，因以飾群，別親疏、貴賤之節」，所以是「不可損益」的（《禮記．三年問》）。當然，時移世易，有很多古禮已不合時宜，但我們閱讀《禮記》時，仍可以從古代禮儀裏，「發現」古人制禮的深意，並將其意通過不同的「形式」行諸當下。例如古人為二十歲的男子在宗廟舉行「冠禮」（即是成人禮），除了表示隆重其事，還有「自卑而尊先祖之意」（《禮記・冠義》）。古人藉着「冠禮」，讓成年的男子明白自己不是空懸的「自我」，而是縱連祖先、宗族，橫及社會、國家的「責任載體」。

又如《禮記・昏義》記載古代婚禮。迎娶新婦入門後，新郎接新娘一起進家用餐：「共牢而食，合巹而酳，所以合體、同尊卑以親之也。」丈夫與妻子吃同一樣的飯菜，用同一隻葫蘆剖開兩隻瓢來盛酒漱口，以示夫妻合為一體，不分尊卑。新婚之夜過後，新婦一早起來沐浴，預備見翁姑。待禮成之後，新婦會用一隻小豬作主菜，為翁姑燒一頓飯。再過一天的早晨，翁姑會設宴招待新娘，並用非常隆重的方式向新娘敬酒，又特意把主人專用的東階讓給新娘，表示新娘已正式代替婆婆作一家之主婦。新婦與翁姑之間的「禮尚往來」，既可消滅家庭新成員的不安感，又可以表示認同新成員。而新婦與翁姑的「禮儀」又象徵着互相尊重和信任，體現出人與人交往的善與美。

眾所周知，家庭是中國社會的初始，也是「自我」成長的所依。古代與現代婚禮之別，是前者以「家」為核心，講的是新人對家庭（甚或是家族）的責任；後者以「個人」為重點，注重「個體」與「個體」的權責。所以《禮記・昏義》明言：

成婦禮，明婦順，又申之以著代，所以重責婦順焉也。……是故婦順備而後內和理，內和理而後家可長久也，故聖王重之。

由此可見，對古代女性而言，婚禮中的「婦禮」意義十分重大。因為經過「婦禮」之後，新婚的女子不僅成為了妻子，成為了「一家之主」，更肩負起和睦家庭內部關係的重責。或許讀到《禮記．昏義》，我們會重新反思時代流行的婚姻觀。

當然，所謂「經禮三百，曲禮三千」，對古人來說，《禮記》可以說是一本包羅萬有的「生活詞典」。《禮記．喪服四制》說：「凡禮之大體，體天地，法四時，則陰陽，順人情，故謂之禮。」就「天地」、「四時」、「陰陽」而言，可說是「禮」背後的「神聖秩序」的場景，而我們在行禮之時，要體味的是人間的「理」與「情」。

六、結語

晚清之際，為改革捨身的譚嗣同（一八六五——一八九八）在赴義前兩年，完成了《仁學》。

在這本小書裏，我們可以窺見烈士對「禮」的批判。譚氏在《仁學》中強調：儒家思想中，不論是三達德或五常，或是其他重要的道德觀念（例如誠），它們都為仁所涵涉包容。唯一的例外是「禮」。依他看來，「禮」雖然也源於仁，但「禮」常常變成與仁大相徑庭的倫常觀念。簡言之，「禮」會戕害「自我」。

究竟「禮」是「成就自我」的媒介，還是「壓抑自我」的幫兇？今天，翻開《禮記》，我們應當關注的不是「禮」的「形式」，反之，我們要體味的是「禮」蘊涵的「情理兼備」的精神。若然大家能抓緊上述的「禮」的「核心價值」，那樣便會發現《禮記》的無窮「生命力」。由是之故，本書所選的《禮記》諸篇，雖以北京中華書局出版的《中華經典藏書·禮記·孝經》為底本，但其中也有斟酌損益之處。如選譯《曲禮》的部分章節，將上、下篇合併為一，又加入《檀弓》篇的章節。又例如以《仲尼燕居》篇取代原來的《緇衣》篇。而選擇取捨的標準，皆以「生活」為依歸。因為筆者深信「禮」源於「生活」，「生活」蘊含「人情」。

曲禮

本篇導讀——

《曲禮》是《禮記》的第一篇。本篇之命名，各家説法不同，有謂「曲」字具「周遍」、「詳細」之義，或説僅是以篇首「《曲禮》」二字為名。若據朱熹的理解，《禮記．禮運》云：「經禮三百，曲禮三千。」所謂「經禮」就是指禮的大節，而「曲禮」就是指禮的小目。《曲禮》的內容繁瑣，概言之，可包括以下數項：一、闡釋「禮」意；二、記載貴族日常生活的禮儀；三、記載喪禮和祭禮的禮儀；四、記載周代封建制度中，天子與諸侯遵行的禮儀，以及相關的種種制度。

據文本和戰國楚簡的考證，《禮記．曲禮》約成篇於春秋末期至戰國初期之間。本篇原來分為上、下篇，但由於篇幅所限，現僅選譯上、下篇共五十一小節。我們期望藉着本文，讓讀者在久遠的禮俗中體會「生活的美」。

《曲禮》曰：毋不敬[1]，儼若思[2]，安定辭，安民哉。

注釋

1 毋不敬：鄭注：「禮主於敬」，所以開宗明義便說，「毋不敬」。

2 儼：莊嚴、莊重的樣子。

譯文

《曲禮》說：遇事待人無不恭敬嚴謹，神態如若有所思般莊重，說話態度要祥和，措辭要肯定，這樣就能安定民心了。

賞析與點評

「禮」以「敬」為主。若用今天的話說，所謂「敬」，就是人類面對天地萬物和人間世界的一種謙卑虛己的心理狀態。「毋不敬」是一種凡事不以「自我」為先的生活態度。

敖不可長[1]，欲不可從[2]，志不可滿，樂不可極。

注釋

1 敖：同「傲」，傲慢。

2 從（粵：中；普：zòng）：同「縱」。

譯文

傲氣不可滋長，慾望不可放縱，志氣不可自滿，享樂不可超限。

賞析與點評：

驕傲和自滿，是「自我」膨脹的惡果。

賢者狎而敬之[1]，畏而愛之。愛而知其惡，憎而知其善。積而能散，安安而能遷。臨財毋苟得[2]，臨難毋苟免，很毋求勝[3]，分毋求多。疑事毋質，直而勿有。

注釋

1 狎（粵：狹；普：xiá）：親近。

2 苟：苟且，隨便。

3 很：通「狠」。鄭注：「謂爭訟也。」

譯文

對有才德的人，要親近而尊敬，又要敬畏而愛慕。要知道所喜歡的人的缺點，知道所討厭的人的長處。既能把累積的財物散發給別人，又能夠在處於安逸時面對變遷。面對財物，絕不取不該得的；面對危難，絕不隨便逃避；與人爭執時不要強求勝利；分配財物時不求多取。對於有疑問的事，不以自己的成見妄下定論，意見正確時也不自以為是。

賞析與點評

有時候，人總會偏執己見而不自知。此節所言，均是勸人要破執去我，皆因世間一切的好惡得失，無非是「我執」所致。

若夫坐如尸[1]，立如齊[2]。禮從宜，使從俗。

注釋

1 若夫：如果。尸（粵：師；普：shī）：古代祭祀時用以代替神鬼受祭的人。

2 齊（粵：齋；普：zhāi）：通「齋」。

譯文

如果坐着，就要像尸那樣莊重，站着，就要像齋戒時那樣恭敬。行禮要順從時宜，出使要遵從別國的風俗。

賞析與點評

「禮」從時而變，是因為「禮」所貴的是「敬」，而不是形式化的儀文。

夫禮者，所以定親疏、決嫌疑、別同異、明是非也。禮，不妄說人[1]，不辭費。

禮，不逾節，不侵侮，不好狎。修身踐言，謂之善行。行修言道，禮之質也。禮，聞取於人，不聞取人。禮，聞來學，不聞往教。

注釋

1 說（粵：悦；普：yuè）：同「悦」。

譯文

禮，是用來決定親疏、判斷嫌疑、分別異同、明辨是非的。禮，不胡亂取悦、討好人，不說多餘的話。禮，不逾越節度，不侵犯侮辱，不輕佻親狎。修養自身、實踐所言，叫作善行。行為有修養，說話合於道理，這是禮的本質。禮，只聽說要主動向人取法學習，沒聽說硬讓人取法學習的。禮，只聽說學禮者要前來學習，沒聽說授禮者跑上門去傳授的。

賞析與點評

「禮」不是法律，它肩負了一個「分別」的作用。這全賴人與人之間存在着的一種「默契」，而「默契」又本於「我」與「你」互相的認同和信任。如果人與人之間沒有了「默契」，社會就會進入了分崩析離的狀態。

道德仁義，非禮不成；教訓正俗，非禮不備；分爭辨訟，非禮不決；君臣上下，父子兄弟，非禮不定；宦學事師[1]，非禮不親；班朝治軍，蒞官行法，非禮威嚴不行；禱祠祭祀[2]，供給鬼神，非禮不誠不莊。是以君子恭敬、撙節、退讓以明禮[3]。鸚鵡能言，不離飛鳥；猩猩能言，不離禽獸。今人而無禮，雖能言，不亦禽獸之心乎？夫唯禽獸無禮，故父子聚麀[4]。是故聖人作，為禮以教人，使人以有禮，知自別於禽獸。

注釋

1 宦學：「宦」指為吏者，「學」指學習六藝者。孫希旦曰：「宦，謂已仕而學者；學，謂未仕而學者。」

2 禱祠祭祀：吳澄曰：「禱祠者，因事之祭；祭祀者，常事之祭。」

3 撙（粵：纂；普：zǔn）節：節制。

4 麀（粵：優；普：yōu）：牝鹿，泛指雌獸。

譯文

道德仁義，若沒有禮就不能實行、完成；教導訓誡、端正風俗，若沒有禮就不能完備；分辨爭訟，若沒有禮就不能決斷是非曲直；君臣上下、父子兄弟之間，若沒有禮就不能確定尊卑名分；為學習做官、學習道藝而侍奉師長，若沒有禮就不能親近和睦；上朝按官位依次排列、治理軍隊、做官在位、執行法令，若沒有禮就沒有威嚴，一事無成；無論特別的祭祀或定期的祭祀，供奉鬼神時，若沒有禮就不能虔誠莊重。因此君子抱持恭敬、節制、退讓的態度，以彰顯禮。鸚鵡雖能說話，終究不過是一種飛鳥；猩猩雖能說話，終究不過是一種禽獸。而今要是作為人卻沒有禮，雖然能說話，不也還是禽獸之心嗎？只因禽獸不知禮，所以父子與同一雌獸交配。因此聖人興起，制定禮法來教導人，使人從此而有禮，知道把自己與禽獸區別開來。

賞析與點評

在傳統的中國社會裏，「禮」滲透在人們日常生活之中。此節指出「有禮」之後人便知道自己與禽獸有何分別。但「人禽之別」的關鍵不是「禮」的有無，而是在於行禮之心的存亡。

大上貴德[1]，其次務施報[2]。禮尚往來，往而不來，非禮也；來而不往，亦非禮也。人有禮則安，無禮則危，故曰，禮者不可不學也。夫禮者，自卑而尊人，雖負販者，必有尊也，而況富貴乎？富貴而知好禮，則不驕不淫；貧賤而知好禮，則志不懾[3]。

注釋

1 大上：指上古的三皇五帝之世。大，同「太」。鄭注：「大上，帝皇之世。」

2 其次：指上古以後的世代。孫希旦曰：「其次，謂後王也。」

3 懾：膽怯，困惑。

譯文

上古時以德為貴，後世才講究施惠與回報。禮，崇尚有往有來，施惠於人而人不來報答，這是失禮；人來施惠而不去報答，也是失禮。人有禮，人際關係就會安定平和，無禮就會危險。所以說，禮是不可不學的。所謂禮，須自我謙卑而尊重別人，雖然是挑擔做買賣的人，也一定有值得尊重的，何況是富貴的人呢？富貴的人而知道喜愛禮，就能不驕奢淫逸；貧賤的人而知道喜愛禮，心志就能夠不怯懦疑惑。

賞析與點評

今天，在中國人的社會，還是十分注重「禮尚往來」的傳統。這一種「施報關係」的往來實踐，實是滿載行禮雙方的期望。

人生十年曰幼，學。二十曰弱，冠[1]。三十曰壯，有室。四十曰強，而仕。五十曰艾[2]，服官政[3]。六十曰耆，指使。七十曰老，而傳[4]。八十、九十曰耄，七年曰悼[5]。悼與耄，雖有罪，不加刑焉。百年曰期，頤。

注釋

1 冠（粵：官；普：guàn）：冠禮，舉行加冠的儀式，表示已成年。其禮節可參閱《儀禮・士冠禮》、《禮記・冠義》。

2 艾：衰老，指髮色蒼白如艾。

3 服官政：成為行政主管。孔疏：「五十堪為大夫，大夫得專事其官政，故曰『服官政』。」

4 傳：指將家族大事傳給子孫。孔疏說，傳給子孫的家族大事，主要是祭祀之事。

5 悼：愛憐。

譯文

人生十歲稱為「幼」，可開始學習。二十歲稱為「弱」，舉行成人加冠禮。三十歲稱為「壯」，可娶妻成家。四十歲稱為「強」，可當官。五十歲稱為「艾」，可做行政主管。六十歲稱為「耆」，可指使人做事。七十歲稱為「老」，可將家族事務傳給子孫。八十歲、九十歲稱為「耄」，七歲稱為「悼」。「悼」與「耄」年齡段的人，雖然有罪，也不施以刑罰。滿百歲稱為「期」，由人贍養，頤養天年。

大夫七十而致事，若不得謝，則必賜之几杖[1]，行役以婦人。適四方，乘安車[2]。自稱曰「老夫」，於其國則稱名。越國而問焉[3]，必告之以其制。

注釋

1 几（粵：機；普：jī）：一種可以靠背的用具。杖：拄杖，拐杖。

2 安車：可安穩乘坐的小車。

3 越國而問：鄭注：「鄰國來問。」

譯文

大夫七十歲時即可退休，如果無法辭官，就一定要賜給他憑几與拄杖，出差辦事要帶着伴隨看護的婦人。出使四方，要乘坐安車。可以自稱為「老夫」，但在本國之內仍然稱名。他國使者來訪問，一定要把本國的典章制度告訴對方。

謀於長者，必操几杖以從之[1]。長者問，不辭讓而對，非禮也。

注釋

1 從：往。鄭注：「猶就也。」

譯文

跟長者商議事情，一定要拿着憑几與拄杖前往。長者問話，不謙讓就直接回答，是不合禮儀的。

賞析與點評

「敬老」是個人對父母、祖輩之愛的延伸，對生命、歷史、文化延續承傳的深深敬意。

凡為人子之禮，冬温而夏清[1]，昏定而晨省[2]，在醜夷不爭[3]。

注釋

1 清（粵：靜；普：qìng）：涼。

2 定：指鋪設安放床褥被枕等。省：問候安適與否。

3 醜：眾人。夷：平輩，同儕。

譯文

舉凡做兒子之禮，要使父母冬天感到温暖而夏天感到清涼，晚上要為父母鋪床而早晨要向父母請安，在眾同輩之中不和人爭鬥。

夫為人子者，三賜不及車馬[1]，故州閭鄉黨稱其孝也[2]，兄弟親戚稱其慈也，僚友稱其弟也[3]，執友稱其仁也[4]，交遊稱其信也；見父之執，不謂之進不敢進，不謂之退不敢退，不問不敢對。此孝子之行也。

注釋

1 三賜：三命之賜，指為官一而再、再而三地受到君王的任命封賞。

2 州閭鄉黨：地方上的各級單位。據《周禮》記載，二十五家為閭，四閭為族，五族為黨，五黨為州，五州為鄉。

3 弟：同「悌」，敬順兄長，這裏指以對兄長的態度來對待同僚。

4 執友：指志同道合的朋友。執，同志。

譯文

做兒子的，受到三命之賜而不敢接受車馬，因此州、閭、鄉、黨地方各級都稱讚他孝順，兄弟親戚都稱讚他慈愛，共事的同僚稱讚他恭順，志同道合的朋友稱讚他是仁人，平時交往的人都稱讚他誠信可靠；見父親的友人，不告訴他可以進前來就不敢任意進前來，不告訴他可以退下去就不敢任意退下去，不向他發問就不敢任意說話。這就是孝子應有的品德行為。

夫為人子者，出必告，反必面，所遊必有常[1]，所習必有業，恆言不稱老[2]。

年長以倍，則父事之；十年以長，則兄事之；五年以長，則肩隨之[3]。群居五人，則長者必異席[4]。

注釋

1 常：常規，經常不變。這裏指出遊有規律，總去一定的地方，以免父母擔心。

2 不稱老：以免父母聽了「老」字因聯想而傷感。

3 肩隨：並行而稍居後，表示謙遜。

4 異席：古人鋪席而坐，每席坐四人，並推年長者坐席端，若有五人，其中一人必須另外設席，則推長者異席，表示尊敬長者。

譯文

做兒子的，出門前一定要稟告父母，返家後一定要面告父母；出遊有常規，有一定的地方；學習一定有專業，平常說話不說「老」字。比自己年長一倍的人，就像父輩一樣侍奉他；比自己年長十歲的人，就像兄長一樣侍奉他；比自己年長五歲的人，與他差不多並肩而行但稍後一些。有五人同處而坐，年最長者必須另設一席單坐。

為人子者，居不主奧[1]，坐不中席，行不中道，立不中門。食饗不為槩[2]，祭

祀不為尸[3]。聽於無聲，視於無形[4]。不登高，不臨深。不苟訾，不苟笑。孝子不服暗[5]，不登危，懼辱親也。父母存，不許友以死，不有私財。

注釋

1 奧：室中的西南角，古人認為是室內最尊貴的位置。

2 食（粵：寺；普：sì）饗：食禮和饗禮。食、饗禮皆行於宴會賓客或宗廟祭祀。槩（粵：概；普：gài）：同「概」，限量。

3 不為尸：如兒子充當宗廟的尸，父親參加祭祀，尸將尊臨其父，這是孝子不能接受的。古代一般以孫輩小孩子為尸。

4 聽於無聲，視於無形：父母沒有說話，就已經知道他們要說什麼；父母沒有動作，就知道他們要做什麼。指在父母示意之前，就揣知父母的心意。

5 暗：此處指暗中。

譯文

做兒子的，居處不敢佔據室內西南角的位置，坐時不敢坐在席的中間，行走時不敢行在路的中間，站立時不敢站在門的中央。舉行食、饗禮招待賓客時，飲食多寡由尊長決定，不敢擅自做主限量；祭祀時，不充當尸。雖未聽到父母的聲音、未見到父母的身形，就能在父母指使之前揣知他們的心意。不攀登高處，不身臨深淵。不隨便詆毀，不隨便嬉笑。孝子不在黑暗中做事，不到危險的地方，懼怕因此使父母受辱。父母在世，不向朋友承諾可以獻身去死，不背着父母私存錢財。

賞析與點評

子女對父母的孝順，並不是設想為父母做什麼；反之，為人子女的應該避免讓父母親擔憂，凡事三思而後行，不妄顧己意而行。

為人子者，父母存，冠、衣不純素[1]。孤子當室[2]，冠、衣不純采[3]。

注釋

1 不純（粵：准；普：zhǔn）素：不以白色鑲邊，這是因為白色是喪服之色。純，指衣、冠的鑲邊。

2 孤：未婚娶而父已亡故。

3 不純采：采是喜慶之色，孝子為寄託喪父哀思，衣冠不用彩色鑲邊。

譯文

做兒子的，父母在世時，帽子與衣服不敢以白綢鑲邊。孤子當家，帽子與衣服不敢以彩綢鑲邊。

幼子常視毋誑[1]。童子不衣裘裳[2]，立必正方，不傾聽。長者與之提攜，則兩手奉長者之手。負、劍[3]，辟咡詔之[4]，則掩口而對。

注釋

1 視：通「示」，示範。

2 童子不衣裘裳：小孩子穿裘皮襖、着裙裝，既不合身體需求，又不便做事活動，所以「不衣」。

3 劍：指牽在身旁。

4 辟咡（粵：二；普：èr）：指轉頭對童子說話。詔：教，告。

譯文

對幼兒要正確引導，不能說謊騙人作壞榜樣。兒童不穿皮裘與裙裳，站立時必須姿勢端正，聽人說話不歪頭側耳。長者牽着兒童行走時，兒童應該用雙手捧着長者的手。長者將小孩子揹在背上或領在身旁，轉頭側臉跟兒童說話，小孩子要掩着口回答。

賞析與點評

儒家教人注重「身教」多於「言傳」。所謂的「仁義道德」並非僅宣之於口，而是在日復一日的生活之中成就。

從於先生，不越路而與人言。遭先生於道，趨而進，正立拱手。先生與之言則對，不與之言則趨而退。從長者而上丘陵，則必鄉長者所視[1]。

注釋

1 鄉（粵：向；普：xiàng）：通「向」，面向。

譯文

跟隨先生走路時，不可自顧自跑過路跟人說話。在路上遇到先生，應快步前進，對先生立正拱手。先生跟他說話就應答，不跟他說話就快步退下。跟隨長者登上丘陵時，則一定要面向長者所看的方向。

將適舍，求毋固[1]。將上堂，聲必揚。戶外有二屨[2]，言聞則入，言不聞則不入[3]。將入戶，視必下[4]。入戶奉扃[5]，視瞻毋回；戶開亦開，戶闔亦闔；有後入者，闔而勿遂[6]。毋踐屨，毋踖席[7]，摳衣趨隅[8]，必慎唯諾。

注釋

1 固：指平常固有的習慣。

2 戶外有二屨（粵：據；普：jù）：戶外有兩雙鞋，指室內有兩個人。舊注說，因長者的鞋可放在室內，所以室內也可能有三個人。

3 言不聞則不入：指在外面聽不見室內說話的聲音，那麼室內的人可能在密謀私事，因此不宜入內打攪別人。

4 視必下：眼光向下，是為了避免看到他人的隱私。

5 奉扃（粵：gwiŋ^{1}；普：jiōng）：雙手猶如捧着門閂的樣子。這裏是表示恭敬之意，不是真的捧扃。扃，門閂、門杠，是關閉門戶用的橫木。

6 闔而勿遂：慢慢地掩上門，但不關死，表示不拒絕後來的人。

7 毋踖（粵：即；普：jí）席：從席子的前方走上去，就叫做「踖席」。踖，踩踏。

8 摳（粵：溝；普：kōu）：提起。

譯文

將出外投宿館舍，各種要求不能像平時在家的習慣一般。快走到堂上時，要先發出聲音表示自己來到。如果門戶外放着兩雙鞋，聽得到室內說話的聲音就進去，聽不到室內說話的聲音就不要進去。將要進室門時，眼光要朝下。進門時，雙手要像捧着門栓一樣恭敬地放在胸前，不回頭四處張望；進入室內時，門若本來就開着，進了門也還是讓它開着；門若本來就關着，進了門也還是讓它關着；如果後面還有人要來，就把門慢慢掩上，不要關死。不可踐踏別人的鞋子，不可從坐席前方上席，要提起衣服快步走到席的下角上席就座。談話時，一定要小心謹慎地應對。

賞析與點評

觀《曲禮》可知，尊重私隱，並非始於今天。

凡與客入者，每門讓於客。客至於寢門，則主人請入為席，然後出迎客。客固辭，主人肅客而入[1]。主人入門而右，客入門而左。主人就東階，客就西階。客若降等，則就主人之階。主人固辭，然後客復就西階。主人與客讓登，主人先登，客從之，拾級聚足[2]，連步以上。上於東階則先右足，上於西階則先左足。

注釋

1 肅客：引導客人進入。肅，進。

2 拾（粵：攝；普：shè）級聚足：上台階時，前腳登一階，後腳跟上與前腳並立。

譯文

凡主人與客人一起進門，每過一門，主人都要讓客人先進。客人走到寢室門口，主人先請入內鋪席，然後再出來迎客。客人一再推辭後，主人就引導客人入門。主人進門後朝右走，客人進門後朝左走。主人到東階，客人到西階。客人身份爵級若低於主人，就跟隨主人到東階前。主人一再推辭，然後客人又回到西階前。登台階時，主人與客人彼此謙讓，主人先登一階，客人也隨之登一階，登階時都是前腳登上而後腳隨之並立，兩腳連步相隨，後腳不越過前腳。若從東階上，則右腳在前先登；若從西階上，則左腳在前先登。

若非飲食之客[1]，則布席，席間函丈[2]。主人跪正席，客跪撫席而辭。客徹重席[3]，主人固辭。客踐席，乃坐。主人不問，客不先舉。將即席，容毋怍[4]。兩手摳衣去齊尺[5]。衣毋撥，足毋蹶[6]。

注釋

1 非飲食之客：即「講問之客」，指來討論學問的客人。

2 函：容，指席間的距離。

3 徹：撤去，撤除。重席：為了表示尊敬，主人給客人鋪兩重坐席。

4 怍（粵：昨；普：zuò）：改變臉色。

5 齊（粵：資；普：zī）：衣服的下擺。

6 蹶（粵：貴；普：guì）：急遽。

譯文

如果不是前來飲食的客人，為客人鋪坐席，席與席之間距離一丈遠。主人跪下為客人擺正席子，客人要跪下按着席子辭謝。客人要撤去重席，主人堅持不許。客人上席之後，主人才坐下。主人不發問，客人就不先主動問話談論。客人將要就座時，臉色不要有所改變。用雙手提起下身衣裳，讓下擺離地一尺。衣裳不要亂抖，腳步不要急促。

賀取妻者，曰：「某子使某[1]，聞子有客，使某羞[2]。」貧者不以貨財為禮，老者不以筋力為禮。

注釋

1 某子使某：前「某」指代賀者，後「某」指代表賀者送禮的使者。

2 羞：進獻。

譯文

祝賀別人娶妻，要說：「某人派某前來，聽說你有客人，派我來進獻禮物。」貧窮人家不必以財物作為賀禮，老年人不耗費體力行禮。

賞析與點評

所謂「禮從宜」，社交禮儀之道，就是要有體貼別人的心。

名子者不以國[1]，不以日月，不以隱疾，不以山川。

注釋

1 不以國：古人給兒子起名不用國、日月、山川，是因為這些都是日常用語，難以避諱，因此不用。

譯文

給兒子起名，不用國名，不用日月名，不用身體隱蔽之處的疾病名，不用山川名。

賞析與點評

古人重視「命名」，凡孩子出娘胎三月，便有「命名之禮」。父母給孩子命名之時，除了避免不祥之物，還要謹守「大物不可命名」的原則，這是為了避免個人妄自尊大。譬如人既為天地所生，故不能以日月和山川為名，以示對天地之敬畏。

男女異長[1]。男子二十，冠而字[2]。父前，子名；君前，臣名。女子許嫁，笄而字[3]。

注釋

1 男女異長：兄弟與姊妹各自排行，不相混雜。

2 冠：冠冕，這裏指冠禮，是男子的成人禮，要加戴冠冕。

3 笄（粵：雞；普：jī）：髮簪，這裏指笄禮，是女子的成人禮，要綰髮加笄，與男子的冠禮相似。

譯文

家中男女各按性別依長幼排行。男子到了二十歲，行加冠成年禮且另外取字。在父親面前，兒子自稱名；在君主面前，臣子自稱名。女子許婚後，要為她綰髮加笄且另外取字。

凡進食之禮，左殽右胾[1]，食居人之左[2]，羹居人之右。膾炙處外，醯醬處內[3]，蔥渫處末[4]，酒漿處右。以脯脩置者[5]，左朐右末[6]。客若降等，執食，興，辭。主人興，辭於客，然後客座。主人延客祭[7]，祭食，祭所先進，殽之序，遍祭之。三飯，主人延客食胾，然後辯殽[8]。主人未辯，客不虛口[9]。

注釋

1 殽（粵：淆；普：xiáo）：通「肴」，帶骨切塊的熟肉。胾（粵：自；普：zì）：切片的純肉。

2 食（粵：寺；普：sì）：飯食。

3 醯（粵：希；普：xī）：醋。

4 渫（粵：屑；普：xiè）：蒸蔥。

5 脯脩：乾肉。「脯」、「脩」稍有不同，「脯」是條狀乾肉，「脩」是用薑桂等調料加工並捶搗結實的條狀乾肉。

6 朐（粵：渠；普：qú）：乾肉中央呈彎曲狀的部位。

7 延客祭：孔疏說，客人地位不及主人，則由主人引導祭祀，其祭法是各取少許席前各種食物，放在豆器之間，表示報答古代造食之人，不忘本。

8 辯：通「遍」。

9 虛口：鄭注說這是指「酳」，即食畢以酒漱口。

譯文

凡進餐之禮，左邊放置帶骨的熟肉，右邊放置切片的熟肉，飯食放在人的左邊，羹湯放在人的右邊。細切的肉與烤熟的肉放在外邊，醋與醬放在裏邊，蒸蔥佐料放在末端，酒與漿放在右邊。若加設脯、脩兩種乾肉，則把乾肉彎曲的部位朝左，而將乾肉的末端朝向右邊。客人如果地位低於主人，應該拿着飯起身，向主人辭謝說不敢當。主人也要起身，向客人推辭，然後請客人就座。進食前，主人引導客人祭祀，行食前祭禮時，要從先端上的食物開始，然後依次遍祭所有食物。客人吃過三口飯後，主人要請客人先吃純肉，然後再逐一品嘗各種食物，最後吃到帶骨的熟肉。主人還沒有吃遍各種食物前，客人不飲酒漱口。

共食不飽[1]**，共飯不澤手**[2]**。**

注釋

1 共食：指共用食器吃飯。

2 不澤手：古人直接用手抓飯吃，與人一同吃飯，手應潔淨，吃飯時搓揉雙手會把手弄髒，污染飯食，對共飯者不敬。

譯文

與人共用食器吃飯，不求自顧吃飽；與人共用食器吃飯，不得搓揉雙手。

羹之有菜者用梜[1]，其無菜者不用梜。

注釋

1 梜（粵：夾；普：jiā）：筷子。

譯文

羹湯中有菜的，就用筷子吃；那些沒有菜的羹湯，就不用筷子吃。

賞析與點評

與所有動物一樣，人類需要飲食。但動物吃喝是為了果腹，人類飲食既可以滿足維生所需，更能藉着同飲共膳完成一種「群體自我」。在傳統的禮俗社會裏，「飲食社群」的個體在餐桌上得到認同。反之，在現代的法理社會中，速食文化流行，工具性的飲食（為生產力而食）逐漸取代非工具性的飲食（為社交而食）。今天，飲食變得個人化，而個人化的飲食改變了人與人的關係。

父母有疾，冠者不櫛，行不翔[1]，言不惰[2]，琴瑟不御。食肉不至變味[3]，飲酒不至變貌，笑不至矧[4]，怒不至詈。疾止復故。有憂者側席而坐[5]。有喪者專席而坐。

注釋

1 「冠者不櫛（粵：節；普：zhì）」兩句：這是說孝子因為心中擔憂父母的疾病而不顧及容顏裝束，走路也不能自在輕鬆。

2 言不惰：指說話不戲謔玩笑。

3 變味：吃肉吃到口味發生變化。舊注說，吃一種食物少食則味不變，多食口味就會發生變化。

4 矧（粵：診；普：shěn）：齒齦。

5 有憂：指因父母患病而擔憂。側：特。

譯文

父母患病，兒子因擔憂以致戴帽子時無暇梳理頭髮，走路時也不張開雙臂邁步行走，說話不戲謔玩笑，不彈奏琴瑟。吃肉不能多到口味發生變化，喝酒不能多到臉色改變，笑不能露出齒齦，發怒不能怒到發火罵人。等父母病癒了，才回復平時的狀態。心中有憂慮的人特別設置一席而坐。守喪的人單獨坐在專席上。

博聞強識而讓，敦善行而不怠，謂之君子。君子不盡人之歡，不竭人之忠，以全交也。

譯文

見聞廣博、記憶力強而謙讓，一貫堅持做好事而不懈怠，這樣的人就稱為君子。君子不強求別人全心全意的喜歡，也不強求別人盡心竭力的忠誠，這樣才能使交情得以保全。

居喪之禮，毀瘠不形，視聽不衰。升降不由阼階[1]，出入不當門隧。居喪之禮，頭有創則沐，身有瘍則浴，有疾則飲酒食肉，疾止復初。不勝喪，乃比於不慈不孝。五十不致毀。六十不毀。七十唯衰麻在身，飲酒食肉，處於內[2]。

注釋

1 阼（粵：做；普：zuò）階：堂前東階，本是主人上下堂所行的，子女居喪時不走東階，因為這是父親過去所走的台階，基於追憶思念，子女不忍心從阼階上下了。

2 處於內：據喪禮，孝子為父母守喪時，不得住在室內，要住在門外臨時搭建的「倚廬」中。

譯文

守喪之禮，要節制哀傷，不要消瘦到變形，視力、聽力不要因此衰減。上下堂時不走東邊的阼階，出入時不走大門正中的道路。守喪之禮，頭部有了瘡才洗頭，身體發癢了才洗澡，有了疾病才能夠喝酒吃肉，等病癒後再回到當初守喪時的狀態。如果不能承受喪事的悲痛而令身體崩潰，就等於是不慈不孝。五十歲守喪不要因悲痛而過度傷身。六十歲守喪，不能傷身。七十歲守喪，只要穿着喪服，可照常飲酒吃肉，並住在屋裏。

賞析與點評

在中國的「孝道」裏很重視「身體」。「身體」既是父母遺留下來的，也是延續宗族歷史的載體。

知生者弔[1]，知死者傷[2]。知生而不知死，弔而不傷。知死而不知生，傷而不弔。

注釋

1 弔：慰問辭。

2 傷：悼念辭。

譯文

認識死者家屬的，就向家屬致辭慰問；認識死者的，就為死者致辭悼念。只與死者家屬相識而不認識死者的，只向家屬致辭慰問而不對死者致辭悼念；只與死者相識而不認識家屬的，只對死者致辭悼念而不向家屬致辭慰問。

弔喪弗能賻[1]，不問其所費。問疾弗能遺[2]，不問其所欲。見人弗能館，不問其所舍。賜人者不曰來取，與人者不問其所欲。適墓不登壟。助葬必執紼[3]。臨喪不笑。揖人必違其位。望柩不歌。入臨不翔。當食不歎。鄰有喪，舂不相[4]；里有殯，不巷歌。適墓不歌。哭日不歌[5]。送喪不由徑，送葬不辟塗潦[6]。臨喪則必有哀色。執紼不笑，臨樂不歎。介冑，則有不可犯之色。故君子戒慎，不失色於人。國君撫式[7]，大夫下之；大夫撫式，士下之。

注釋

1 **賻**（粵：付；普：fù）：送財物給喪家助辦喪事。

2 **遺**（粵：胃；普：wèi）：饋贈。

3 **紼**（粵：弗；普：fú）：牽引棺柩車往墓穴的繩索。

4 **相**：舂米打杵時唱歌助興。

5 **哭日**：指弔唁死者的日子。

6 **潦**（粵：路；普：lǎo）：雨後積水。

7 **式**：通「軾」，古代車廂前有供站立乘車人扶持憑靠的橫木，此處指乘車人伏軾致敬行禮。

譯文

弔喪時，若不能用財物幫助喪家辦喪事，就不要問喪家花費多少。探望病人，若不能饋贈禮物，就不要問病人需要什麼。看到旅人，若不能為人家安排住宿，就不要問人家住在何處。送人東西，不能說「你來拿」；送人東西，不要問人家想不想要。去墓地不要登上人家的墳頭。參加葬禮一定要牽着引柩車的挽繩。參加喪禮不可面帶笑容。對人作揖，一定要離開原位。望見運柩車，不要唱歌。參加喪禮，不可張開雙臂邁步行走。面對食物不可歎氣。鄰家有喪事，舂搗時不唱歌助舂；同里有喪事，不在巷子裏唱歌。到墓地去不唱歌。弔唁的日子不唱歌。送喪時不抄近道而走小路，送葬時不避積水的道路。參加喪禮，臉上一定要有哀戚的神情。挽着棺柩車的繩索時不要嘻笑，身在歡樂場合不要歎氣。穿着鎧甲、戴着頭盔時，就要有凜然不可侵犯的莊嚴神色。所以君子要小心謹慎，不要在人前失態。國君若行憑軾之禮，大夫就要下車示敬；大夫若行憑軾之禮，士就要下車示敬。

禮不下庶人，刑不上大夫。刑人不在君側。

譯文

禮，不為下等的庶民定規矩；刑，不為上等的大夫定條法。受過肉刑處罰的人，不得侍在國君左右。

檀弓

本篇導讀——

〈檀弓〉篇原本分為上、下兩篇，是《禮記》中最長的一篇。有謂檀公是戰國時人，因其人知禮，故此篇以「檀弓」為名。又言此篇之首記檀弓事，所以以「檀弓」名篇。不論篇名的由來為何，〈檀弓〉篇的主題就是「記人寫事，以事成篇」。全篇一萬多字，由一個又一個的故事，一段又一段的對話構成。通過孔子的一言一行、孔門師徒的活潑對答、孔子徒弟和徒孫對喪禮的處理和討論，我們可以體味「禮」的精髓——情理交融之境。

本篇是〈檀弓〉上、下兩篇的節錄。我們在選擇和取捨的時候，主要讓讀者體味《禮記》裏的「情」與「理」。常人謂「禮者，理也。」但讀〈檀弓〉時，我們不僅發現當中不少違反「常理」之舉，而且行事者不是別人，正是尊禮重教的孔夫子。夫子為何會反其禮而行呢？細心閱讀以下短篇，我們可能會找到答案。

孔子曰：「拜而後稽顙[1]，頹乎其順也；稽顙而後拜，頎乎其至也[2]。三年之喪，吾從其至者。」

注釋

1 稽顙（粵：溪爽；普：jī sǎng）：以頭觸地。顙，額。

2 頎（粵：很；普：kěn）：通「懇」，情真意切之貌。

譯文

孔子說：「（孝子對前來弔喪的賓客）先跪拜後磕頭，是最合順的；而先磕頭後跪拜，卻又最能真摯地表達深切的哀傷。當服三年之喪的時候，我會遵從最能表達哀傷之情的行禮之法。」

賞析與點評

中國人講禮，很多時候都遵循「先人後己」的原則，但孔子在這裏說：「吾從其至者」，由此可見，禮儀本身是以「情」為重。

孔子既得合葬於防[1]，曰：「吾聞之，古也墓而不墳[2]；今丘也，東西南北之人也，不可以弗識也[3]。」於是封之，崇四尺。孔子先反，門人後，雨甚。至，孔子問焉，曰：「爾來何遲也？」曰：「防墓崩。」孔子不應。三，孔子泫然流涕曰：「吾聞之：古不修墓。」

注釋

1 防：魯國地名。
2 墳：墓上封上土堆。
3 識：標記。

譯文

孔子將父母的遺體合葬於防後，便說：「我聽說，古時候只設墓而不封墳。如今我孔丘是個常周遊四方的人，墓上不可以沒有標記。」於是在墓上封土，起了高四尺的墳。起墳後，孔子先回家，弟子隨後。後來雨下得很大。弟子回來後，孔子問他們，說：「你們回來怎麼那樣遲？」弟子回答說：「防地的墳墓遭大雨沖塌了。」孔子並沒有回應。弟子把話重複了幾遍，孔子流着淚說：「我聽說，古時候的人是不會修墓的。」

孔子哭子路於中庭[1]。有人弔者，而夫子拜之。既哭，進使者而問故。使者曰：「醢之矣[2]。」遂命覆醢。

注釋

1 子路：孔子的弟子，因衛國動亂而遭殺害。按規矩，老師哭學生應於寢門外，而弟子哭師則於中庭。

2 醢（粵：海；普：hǎi）之：醢，肉醬。此處作動詞用，意思是子路被剁成肉醬。

譯文

（子路死了）孔子在庭中為子路痛哭。有人來弔唁，孔子行拜謝之禮。哭罷，孔子叫報喪的人進來，詢問子路死時的情況。報喪的人說：「（子路）已經被砍成肉醬了。」孔子隨即命人把家裏的肉醬倒掉。

子思曰：「喪三日而殯[1]，凡附於身者[2]，必誠必信，勿之有悔焉耳矣。三月而葬，凡附於棺者[3]，必誠必信，勿之有悔焉耳矣。喪三年以為極，亡則弗之忘矣。故君子有終身之憂，而無一朝之患。故忌日不樂。」

注釋

1 殯：人死後，將屍體裝棺而不下葬。
2 凡附於身者：入殮時所用的衣衾。
3 凡附於棺者：指隨葬的明器。

譯文

子思說：「人死後，三天就要入殮停柩在堂，凡是入殮時所用的衣衾，一定要盡心合禮地預備，不要有任何遺憾。停柩三個月而入土為安，凡是隨棺入土的陪葬品，一定要盡心合禮地預備，不要有任何遺憾。為父母服喪以三年為極限，孝子除喪後不會忘記去世的父母。所以君子一生都會懷念去世的父母，而不會過度思念去世的雙親以致身體受損。故此每逢父母的忌日，才會停止一切娛樂。」

賞析與點評

隨着時間的流逝，人的悲喜哀樂總會過去。唯有藉着「禮」，讓心中的一份「誠意」不斷更新。

孔子少孤[1]，不知其墓，殯於五父之衢[2]。人之見之者，皆以為葬也。其慎也，蓋殯也。問於郰曼父之母[3]，然後得合葬於防。

注釋

1 少孤：年少喪父。
2 衢：衢，路口。
3 郰（粵：鄒；普：zōu）：地名。

譯文

孔子年少時，父親便去世了，他不知道父親的墓地在什麼地方。多少年後，母親死了。孔子把母親的靈柩停放在五父路口。人們看見此情此景，都以為孔子要埋葬母親。其實孔子拉出柩車，是為了將母親的靈柩停放。孔子訪問老鄰居郰曼父的母親，知道了父親的墓地所在，然後將母親與父親合葬在防。

鄰有喪，舂不相；里有殯，不巷歌。喪冠不緌[1]。

注釋

1 緌（粵：joey⁴；普：ruí）：冠帶末端的纓飾。

譯文

鄰居有喪事，舂米時不要唱歌；街坊停柩在家，不要在胡同裏唱歌。服喪時帶的冠不要繫纓飾。

賞析與點評

顧念他人的感受，待人如待己，正是禮的深意。

魯人有朝祥而莫歌者[1]，子路笑之。夫子曰：「由！爾責於人，終無已夫？三年之喪，亦已久矣夫！」子路出，夫子曰：「又多乎哉！逾月則其善也。」

注釋

1 祥：大祥，人死兩週年舉行的祭禮。

譯文

魯國有人在早上為父母舉行除喪的祭禮，晚上就唱起歌來，子路嘲笑他。孔子說：「由！你責備別人，總是沒完沒了嗎？人家已服喪三年，時間已經夠長了。」子路出去後，孔子又說：「其實也等不了多久，再過一個月才唱歌就好了。」

死而不弔者三：畏、厭、溺[1]。

注譯

1 厭：同壓，行於危險處被崩墜之物壓死。

譯文

人死而無須前去弔喪的有三種：畏懼自殺的，不小心被壓死的，游泳被淹死的。

子路有姊之喪，可以除之矣[1]，而弗除也，孔子曰：「何弗除也？」子路曰：「吾寡兄弟而弗忍也。」孔子曰：「先王制禮，行道之人皆弗忍也。」子路聞之，遂除之。

注釋

1 除：脫下喪服。

譯文

子路為姊姊服喪，到了可以除下喪服的時候，但他還沒有除下。孔子說：「為什麼不除下喪服呢？」子路說：「我的兄弟不多，不忍心除服。」孔子說：「這是先王規定的禮法。要是不忍，行仁義的人對親人都不忍呢！」子路聽了這話，就把喪服換了。

孔子之衛，遇舊館人之喪，入而哭之哀。出，使子貢說驂而賻之[1]。子貢曰：「於門人之喪，未有所說驂，說驂於舊館，無乃已重乎？」夫子曰：「予鄉者入而哭之，遇於一哀而出涕。予惡夫涕之無從也。小子行之！」

注釋

1 說：通「脱」。驂：駕車兩旁的馬。賻：送財物以助喪。

譯文

孔子到了衛國，遇到從前曾投宿的館舍的主人死了。他進去弔喪，哭得很傷心。出來後，讓子貢解下拉車的一匹馬去贈送給喪家。子貢說：「你對門人弟子的喪事都沒有解送過馬來助喪，今天解下馬贈送給館舍的主人家，禮數不是太重了嗎？」孔子說：「我剛才進去哭他，恰巧觸動了哀情而流下了眼淚。我厭惡光流眼淚而沒有具體的表示。孩子，你還是去辦吧！」

孔子在衛，有送葬者，而夫子觀之，曰：「善哉為喪乎！足以為法矣，小子識之。」子貢曰：「夫子何善爾也？」曰：「其往也如慕[1]，其反也如疑[2]。」子貢曰：「豈若速反而虞乎？」子曰：「小子識之，我未之能行也。」

注釋

1 慕：如小孩追隨父母啼哭狀。

2 疑：因思念親人遠去而遲疑不返。

譯文

孔子在衞國，有送葬的人。孔子在旁觀看，說：「這喪事辦得真好！可以作為榜樣了，你們要好好記住。」子貢說：「老師為什麼認為這喪事辦得好呢？」孔子說：「他們送葬時，如同小孩般追隨父母哭啼，回來的時候又依依不捨。」子貢說：「那還不如早點趕回家行安魂祭吧？」孔子說：「你們還是記住吧，我也辦不到呢。」

賞析與點評

道家教人視生死如一，自是一種境界；儒家看重生與死，又是對生命有情的一種體悟。

孔子蚤作[1]，負手曳杖，消搖於門，歌曰：「泰山其頹乎！梁木其壞乎！哲人其萎乎！」既歌而入，當戶而坐。子貢聞之，曰：「泰山其頹，則吾將安仰？梁木其壞，哲人其萎，則吾將安放？夫子殆將病也。」遂趨而入。夫子曰：「賜！爾來何遲也？夏后氏殯於東階之上，則猶在阼也；殷人殯於兩楹之間，則與賓主夾之也；周人殯於西階之上，則猶賓之也。而丘也，殷人也[2]。予疇昔之夜，夢坐奠於兩楹之間。夫明王不興，而天下其孰能宗予？予殆將死也。」蓋寢疾七日而沒。

注釋

1 蚤：通「早」。

2 殷人也：孔子的祖先是宋人，是殷商的後裔。

譯文

孔子一早起來，背着手拖着手杖，逍遙自在地在家門前散步，唱道：「泰山將要崩塌！棟樑將要損壞！哲人快要死了！」唱罷回到家裏，對着門戶坐下。子貢聽到老師的歌聲，説：「泰山要是崩塌了，還有什麼值得我仰望呢？樑木壞了，哲人死了，我們還可以仿效誰呢？老師恐怕要生病了。」於是子貢快步走進孔子的家。孔子說：「賜，你為什麼來得那麼晚？夏代停柩在東階堂上，死者還是處於主位。殷人停柩在東、西楹之間，死者就是處於賓主之間。周人把柩停在西階之上，那死者就如同賓客了。我孔丘是殷人，我昨天夢見自己坐在兩楹之間被祭祀。如今聖明還未出現，天下有誰能尊崇我？我將要死了。」孔子大概臥病七天便去世了。

子路曰：「吾聞諸夫子：喪禮，與其哀不足而禮有餘也，不若禮不足而哀有餘也。祭禮，與其敬不足而禮有餘也，不若禮不足而敬有餘也。」

譯文

子路說：「我曾聽老師說：舉行喪禮，與其哀不足而陪葬品有餘，還不如陪葬品不足而悲哀有餘。舉行祭禮，與其恭敬不足而祭品有餘，還不如祭品不足而恭敬有餘。」

賞析與點評

中國人說「禮」不可少，但若行「禮」而忘「情」，一切也是徒然。

子夏既除喪而見，予之琴。和之而不和，彈之而不成聲。作而曰：「哀未忘也。先王制禮，而弗敢過也。」子張既除喪而見，予之琴，和之而和，彈之而成聲，作而曰：「先王制禮，不敢不至焉。」

譯文

子夏服喪期滿後去見孔子，孔子遞上一張琴給他。子夏調琴而五音不和諧，彈曲而不成調子。子夏站起來說：「我未能忘記哀傷。只是先王制定除喪之期，我不敢逾越而已。」子張服喪期滿後去見孔子，孔子遞上一張琴給他。子張調琴而五音和諧，彈曲而成調。子張站起來說：「先王定下的除喪之禮，我不敢不盡力而為。」

子思之母死於衛，柳若謂子思曰：「子，聖人之後也，四方於子乎觀禮，子蓋慎諸！」子思曰：「吾何慎哉！吾聞之：有其禮，無其財，君子弗行也；有其禮，有其財，無其時，君子弗行也。吾何慎哉！」

譯文

子思已改嫁的母親在衞國去世，柳若對子思說：「子思，你是孔聖人的後代，大家也會看你如何舉行喪禮，你要謹慎行事。」子思說：「我有什麼可當心的呢？我聽說，有這樣的禮，沒有足夠的錢財，君子是不會去實行的；有這樣的禮，又有足夠的錢財，但時候不當，君子也不去行禮。我有什麼要當心的呢？」

公叔文子卒，其子戍請謚於君[1]，曰：「日月有時，將葬矣。請所以易其名者。」君曰：「昔者衞國凶饑，夫子為粥與國之餓者，是不亦惠乎？昔者衞國有難，夫子以其死衞寡人，不亦貞乎？夫子聽衞國之政，修其班制[2]，以與四鄰交，衞國之社稷不辱，不亦文乎？故謂夫子『貞惠文子』。」

注釋

1 請謚（粵：試；普：shì）：請求國君賜予謚號。

2 班制：尊卑等差，借代指稱國家制度。

譯文

公叔文子死了，他的兒子公叔戍向國君請求賜予謚號，說：「時間有限，快要下葬了，請國君賜一個謚號來代替先父的名字。」國君說：「從前衛國發生大饑荒，夫子施粥給饑民吃，那不就是仁惠嗎？從前衛國有難，夫子拼命來保護寡人，這不就是忠貞嗎？夫子掌管衛國國政，整治各種制度，並以此和鄰國交往，使我國不受侮辱，這不就是文德嗎？所以可以稱呼夫子為『貞惠文子』。」

子路曰：「傷哉貧也！生無以為養，死無以為禮也。」孔子曰：「啜菽飲水[1]，盡其歡，斯之謂孝。斂手足形，還葬而無槨，稱其財，斯之謂禮。」

注釋

1 菽（粵：淑；普：shū）：大豆。

2 斂手足形：殮父母的頭、足，使他們的形體不外露。手，通「首」。

譯文

子路說：「貧窮真是可悲！父母在世，沒有錢供養；父母去世，沒有錢辦喪事。」孔子說：「吃豆粥，喝清水，讓老人家開開心心，這就是孝順了。父母去世，衣被能夠遮蓋頭首、四肢和形體，入殮後便埋葬，沒有外槨，只要辦喪事的花費，能和自己所花的錢相稱，這樣就可以稱作禮了。」

戰於郎[1]，公叔禺人遇負杖入保者息[2]，曰：「使之雖病也，任之雖重也[3]，君子不能為謀也，士弗能死也。不可。我則既言矣！」與其鄰童汪踦往，皆死焉。魯人欲勿殤童汪踦[4]，問於仲尼。仲尼曰：「能執干戈以衛社稷，雖欲勿殤也，不亦可乎！」

注釋

1 郎：魯國附近的邑名。

2 公叔禺人：魯昭公之子。

3 任之：賦稅。

4 殤：未成人而死，其喪服降於成人。

譯文

齊、魯兩國的軍隊在魯國的郎邑交戰。公叔禺人看見一個扛着杖逃進城邑來避難的人，他歎息說：「役使人民雖然很苦，賦斂人民雖然很重，但是卿大夫不能出謀獻策，士人不能盡忠效死，這可不行啊，話我既然說了，就不能白說！」公叔禺人就和鄰居少年汪踦一起奔赴前線，都戰死了。魯國人打算不用童子的喪禮而用成人喪禮殮葬少年汪踦，問孔子行不行。孔子說：「他既然能夠手執干戈來捍衛國家，你們不用童子的喪禮給他殮葬，不也是應該的嗎？」

孔子過泰山側，有婦人哭於墓者而哀，夫子式而聽之[1]。使子貢問之曰：「子之哭也，壹似重有憂者[2]。」而曰：「然，昔者吾舅死於虎，吾夫又死焉，今吾子又死焉。」夫子曰：「何為不去也？」曰：「無苛政。」夫子曰：「小子識之，苛政猛於虎也。」

注釋

1 式：通「軾」，馬車前的橫木。作動詞，指憑着車前木。

2 壹似：好像。

譯文

孔子路過泰山旁，看見一個婦人在墓前痛哭。孔子憑着車前橫木聽着，派子貢問她，說：「聽你的哭聲，好像非常憂傷。」婦人說：「是的。從前我的公公被老虎咬死，我的丈夫又被老虎咬死，現在我的兒子也被老虎咬死了。」孔子說：「為什麼不離開這裏？」婦人說：「這裏沒有繁重的政令。」孔子說：「你們記住，繁重的政令比老虎還要兇猛！」

賞析與點評

猛虎殺人，是出於自然之獸性，可以原諒；苛政害人，是出於人為之貪慾，不可饒恕。

喪不慮居，毀不危身。喪不慮居，為無廟也。毀不危身，為無後也。

譯文

為父母辦喪事期間，不會考慮自己的居所是否舒適，亦不會過度悲傷而損害身體健康。辦喪事期間，不會考慮自己居所是否舒適，是因為父母的神主牌位還未歸於宗廟。悲傷不損健康，是因為怕傷了身體而絕後。

賞析與點評

從時間的向度而言，我們的「身體」載負了延續宗族歷史的責任。

仲尼之畜狗死，使子貢埋之，曰：「吾聞之也：敝帷不棄，為埋馬也；敝蓋不棄，為埋狗也。丘也貧，無蓋。於其封也，亦予之席，毋使其首陷焉。」路馬死，埋之以帷。

譯文

孔子養的狗死了，讓子貢去埋掉，說：「我聽說，破舊的帷幕不要扔掉，為了可以用來埋馬；破舊的車蓋不要扔掉，為了用來埋狗。我孔丘窮得很，沒有車蓋。把狗埋葬的時候，也得給牠蓋上一張席子，別讓牠的頭直接埋在土裏。」給國君駕車的馬死了，要用帷幕包好再埋。

孔子之故人曰原壤，其母死，夫子助之沐槨[1]。原壤登木曰：「久矣予之不托於音也。」歌曰：「狸首之斑然，執女手之卷然。」夫子為弗聞也者而過之[2]。從者曰：「子未可以已乎？」夫子曰：「丘聞之：親者毋失其為親也，故者毋失其為故也。」

注釋

1 沐：修治。

2 為：通「偽」，假裝。

譯文

孔子有一位老朋友名為原壤，他的母親死了，孔子幫助他修整棺槨。原壤登上槨木上說：「我很久沒有寄情於歌聲了。」於是唱道：「野貓的頭，多麼斑斕，執着你的手，多麼美好。」孔子假裝沒有聽見便走過去了。跟隨孔子的人說：「你不可以和他絕交嗎？」孔子說：「我聽說，『親人不要失掉親人的情分，老朋友不要失掉老朋友的情誼。』」

王制

本篇導讀——

〈王制〉是《禮記》的第五篇。本篇所記的是先秦時代王者治理天下的各種制度。東漢經學家鄭玄在《禮記目錄》說：「名曰王制者，以其記先王班爵、授祿、祭祀、養老之法度。」但篇中所記的實不止於此。〈王制〉所錄，其中包括封國、職官、祭祀、喪葬、巡狩、刑罰、養老、城邑、官吏選拔、學校教育等各種制度，涵蓋了政治、宗教、社會、刑法與教育等各個範疇。

有關〈王制〉的作者與成書的時間，向來眾說紛紜，尤以下列五種說法最為流行：其一、據司馬遷《史記・封禪書》記載，謂是篇為漢文帝於前元十六年（前一六四年）命博士諸生所作。其二、據鄭玄、任善銘之見，此篇作於孟子之後的戰國末期。其三、孔穎達認為〈王制〉是作於秦漢之際。其四、康有為等人則認定此篇是孔子改制之作。其五、當代學者王鍔認為〈王制〉成篇於戰國中期，孟子之前。以上五說，除康有為的「孔子改制說」被公認為無稽之談外，〈王制〉之成篇，以「戰國後期說」最為人所接受。

從來讀〈王制〉篇的，大都着眼於箇中的「政治」意義。當然，若說本篇與《尚書．洪範》、《周禮》一樣，都是古代政治制度的設計藍圖也未嘗不可。然而，若以現代的眼光觀之，在政治方面，〈王制〉講禮樂教化，民本思想，尊重不同的文化習俗，重視生態平衡，富而後教等。在教育方面，如重視習性相成，因材施教，重視品德教育，敬老尊賢，同情弱勢社群等[1]，仍是很值得我們參考的。

王者之制祿爵，公侯伯子男，凡五等。諸侯之上大夫卿、下大夫、上士、中士、下士，凡五等。

譯文

君王制定俸祿爵位，分為公、侯、伯、子、男，共五等。諸侯國的上大夫（即卿）、下大夫、上士、中士、下士，也是五等。

1 陳錫章：〈《禮記．王制》政教思想探究〉，《揭諦》，第十五期（2008年7月），頁27－64。

天子之田方千里，公侯田方百里，伯七十里，子男五十里。不能五十里者，不合於天子[1]，附於諸侯，曰附庸[2]。天子之三公之田視公侯[3]，天子之卿視伯，天子之大夫視子男，天子之元士視附庸[4]。

注釋

1 不合：不朝會。

2 附庸：附屬於諸侯國的小國。

3 三公：天子的三位最重要的大臣，即太師、太傅和太保。或說為司馬、司徒和司空。

4 元士：上士。

譯文

天子的田有一千平方里，公爵侯爵的田有一百平方里，伯爵有七十平方里，子爵男爵有五十平方里。不足五十平方里的，不能朝會於天子，附屬於諸侯國的，稱為附庸。天子的三公所佔田地，比照公爵、侯爵，天子的卿比照伯爵，天子的大夫比照子爵、男爵，天子的元士比照附庸。

制：農田百畝，百畝之分，上農夫食九人[1]，其次食八人，其次食七人，其次食六人，下農夫食五人。庶人在官者[2]，其祿以是為差也。諸侯之下士視上農夫，祿足以代其耕也；中士倍下士，上士倍中士，下大夫倍上士；卿，四大夫祿。君，十卿祿。次國之卿，三大夫祿；君，十卿祿。小國之卿，倍大夫祿，君十卿祿。

注釋

1 上農夫：耕種上等田的農夫，指所耕百畝之田肥沃而收穫豐厚。食：供養，給人吃。

2 庶人在官者：指在官府服務的庶人，是由官吏自行選用的，因不是正式命官，仍是庶人身份，所以稱為「庶人在官」。

譯文

制度規定一個農夫受田百畝，田地又依肥瘠分級，百畝上等農田一個農夫可供養九人，其次可供養八人，再其次可供養七人，再其次可供養六人，下等農田一個農夫可供養五人。在官府服務的庶人，其俸祿也是依此為等差的。諸侯的下士比照上農夫，他們的俸祿足以替代他們務農耕田的收穫；中士的俸祿比下士多一倍；上士比中士多一倍，下大夫比上士多一倍；卿的俸祿，四倍於大夫。國君的俸祿，十倍於卿。次一等諸侯國之卿的俸祿，三倍於大夫；國君的俸祿，十倍於卿。小國之卿的俸祿，比大夫多一倍；國君的俸祿，十倍於卿。

凡四海之內九州，州方千里。州建百里之國三十，七十里之國六十，五十里之國百有二十，凡二百一十國。名山大澤不以封[1]。其餘以為附庸、間田[2]。八州[3]，州二百一十國。

注釋

1 名山大澤不以封：不分封名山大澤的緣故，孫希旦《禮記集解》認為有兩個原因，一則恐受封者專擅財利而不與民同享，一則恐其據險阻而易於負固。

2 附庸、間田：指分封二百一十國之外的其餘土地，若已分封給人，附屬於大國，稱為「附庸」；若沒有分封給人，稱為「間田」。

3 八州：這是九州中的八州，另外一州是天子直轄的王畿，制度不同，見下文。

譯文

四海之內共有九州，每州一千平方里。其中八州，每州建立一百平方里的國家三十個，七十平方里的國家六十個，五十平方里的國家一百二十個，共計二百一十國。各州著名的山川湖澤不分封。分封後剩餘的土地為附庸小國及間田。這樣的州有八個，每州有二百一十國。

天子之縣內，方百里之國九，七十里之國二十有一，五十里之國六十有三，凡九十三國。名山大澤不以朌[1]。其餘以祿士，以為間田。

注釋

1 朌（粵：頒；普：bān）：頒賜。

譯文

天子所管轄的王畿之內，一百平方里的國家有九個，七十平方里的國家有二十一個，五十平方里的國家有六十三個，總計九十三國。王畿內的名山大澤不頒賜給臣屬。分封剩下的土地作為士的俸祿田，或作為間田。

凡九州，千七百七十三國，天子之元士、諸侯之附庸，不與。

譯文

天下九州共有一千七百七十三國，天子元士的封地及諸侯的附庸，不計算在內。

天子百里之內以共官[1]，千里之內以為御。

注釋

1 共（粵：供；普：gōng）：通「供」，供給。

譯文

天子都城百里之內的賦稅供王朝官員辦公開銷，千里之內的賦稅則作為天子御用之膳食服飾車馬開銷。

千里之外設方伯。五國以為屬，屬有長；十國以為連，連有帥；三十國以為卒，卒有正；二百一十國以為州，州有伯。八州八伯，五十六正，百六十八帥，三百三十六長。八伯各以其屬屬於天子之老二人[1]，分天下以為左右，曰二伯。

注釋

1 天子之老：指上公。上公是指天子之三公中有德者。

譯文

王畿千里之外設置方伯。以五國為一屬，每屬設有一屬長；十國為一連，每連設一帥；三十國為一卒，每卒設一正；二百一十國為州，每州設一伯。八州，有八個伯，五十六個正，一百六十八帥，三百三十六個長。八伯各以他們統領的部屬歸屬於天子之老二人，將天下分為左右兩部分，由二老掌管，稱為二伯。

千里之內曰甸。千里之外曰采、曰流[1]。

注釋

1 采：九州之內的地方。流：九州之外夷狄的居處。

譯文

王畿千里之內稱甸。王畿千里之外稱采、稱流。

天子三公、九卿、二十七大夫、八十一元士。

譯文

天子的屬官有三公、九卿、二十七大夫、八十一元士。

大國三卿，皆命於天子，下大夫五人，上士二十七人。次國三卿，二卿命於天子，一卿命於其君，下大夫五人，上士二十七人。小國二卿，皆命於其君，下大夫五人，上士二十七人。

譯文

大諸侯國設三卿，都由天子任命，另設下大夫五人，上士二十七人。次一等的諸侯國設三卿，其中二卿由天子任命，一卿由國君任命，另設下大夫五人，上士二十七人。小諸侯國設二卿，都由國君任命，另設下大夫五人，上士二十七人。

天子使其大夫為三監，監於方伯之國，國三人。

譯文

天子派所屬大夫擔任三監，監察各方伯之國，每國派三人。

凡官民材，必先論之[1]，論辨然後使之[2]，任事然後爵之，位定然後祿之。

注釋

1 論：考核其德行道藝。

2 論辨：考校民材而後分別其高下。

譯文

凡從庶民中選拔人材任官，一定要先考核其才能德行，考定其才能高下後派任工作，勝任工作後確認官爵，官爵確認後授予俸祿。

爵人於朝，與士共之。刑人於市，與眾棄之。是故公家不畜刑人[1]，大夫弗養，士遇之塗弗與言也[2]。屏之四方[3]，唯其所之，不及以政，亦弗故生也。

注釋

1 畜（粵：速；普：xù）：養。與下文之「養」為互文。

2 塗：同「途」。

3 屏：摒棄。

譯文

授人爵位要在朝廷上，讓眾官員共同參與。處決犯人要在市集上，表示與眾人一起拋棄罪犯。所以公家不收養受過刑罰的人，大夫也不收養，士在路上遇到受過刑罰的人不跟他們說話。把受過刑罰的人流放到四方，隨他們任意流浪，不讓他們參與政務，就是不想讓他們生存。

諸侯之於天子也，比年一小聘[1]，三年一大聘[2]，五年一朝。

注釋

1 小聘：古代聘問之禮，諸侯派遣大夫朝見天子。

2 大聘：古代聘問之禮，諸侯派遣卿朝見天子。

譯文

諸侯對天子，每年派大夫去聘問一次，每三年派卿去聘問一次，每五年諸侯親自去朝見一次。

天子五年一巡守[1]。歲二月，東巡守，至於岱宗[2]，柴而望祀山川[3]。覲諸侯[4]，問百年者，就見之。命大師陳詩，以觀民風。命市納賈[5]，以觀民之所好惡，志淫好辟[6]。命典禮考時月，定日，同律、禮、樂、制度、衣服，正之。山川神祇有不舉者為不敬[7]，不敬者君削以地；宗廟有不順者為不孝[8]，不孝者君絀以爵；變禮易樂者為不從，不從者君流；革制度衣服者為畔[9]，畔者君討。有功德於民者，加地進律[10]。五月，南巡守，至於南嶽，如東巡守之禮。八月，西巡守，至於西嶽，如南巡守之禮。十有一月，北巡守，至於北嶽，如西巡守之禮。歸，假於祖禰[11]，用特[12]。

注釋

1 巡守（粵：瘦；普：shòu）：天子巡視天下。
2 岱宗：東嶽泰山。
3 柴：或本作「祡」，祭名，燔柴祭天以告。望祀山川：遙望山川的方向祭拜禱祠，而不在當地舉行祭祀。
4 覲：古代覲見之禮，諸侯朝見天子曰覲。
5 市：掌管市場買賣的官吏。賈（粵：嫁；普：jià）：通「價」，物價貴賤。

6 辟：偏邪不正。
7 舉：祭。
8 不順：指宗廟昭穆排列不當或祭祀不依時序。
9 畔：通「叛」。
10 進律：猶晉爵。
11 假於祖禰（粵：你；普：nǐ）：到祖廟、禰廟告歸。假，至也。祖，祖廟，指太祖、高祖、曾祖、祖父廟。禰，父廟。
12 特：特牲，特選一頭供祭之牛。

譯文

天子每五年巡視天下一次。視察之年的二月出發，先巡視東方，到東嶽泰山，舉行柴祭上天之禮，並望祀當地的山川。接見東方各國的諸侯，慰問當地百歲的老人，登門造訪會見。命掌管音樂的太師進陳採集的詩歌民謠，以觀察當地的風俗民情。命掌管市場買賣的官員彙報各種物價，以觀察人民的好惡，如果民心不正，則人民所喜愛的物品也會偏邪不正。命令掌管禮俗的官員考正四時、月份，排定日曆，統一法律、禮儀、樂律、制度、衣服，有不符原則的都加以訂正。對當地山川神祇有不祭祀的就是不敬，有不敬者則國君就要削減封地；對宗廟有不順的就是不孝，有不孝者則國君就要貶削爵位；擅改禮樂制度的就是不從，有不從者則國君就要遭到流放；任意改革制度和衣服的就是叛逆，有叛逆者則國君要加以討伐。對人民有功德的國君，要加封土地或晉升爵位。五月，巡視南方，到南嶽衡山，如同巡視東方的禮節。八月，巡視西方，到西嶽華山，如同巡視南方的禮節。十一月，巡視北方，到北嶽恒山，如同巡視西方的禮節。天子巡視後回到京畿，要到祖廟、禰廟稟報巡視歸來，用特牲一牛進行祭祀。

賞析與點評

古代的禮樂制度蘊含着政治秩序，政治秩序體現於生活之中。

天子將出，類乎上帝，宜乎社，造乎禰[1]。諸侯將出，宜乎社，造乎禰。

注釋

1「類」、「宜」、「造」：據鄭注，三者都是祭名，具體的禮典、儀式已不可考。

譯文

天子即將外出，要類祭上帝，宜祭社稷，造祭禰廟。諸侯將外出，要宜祭社稷，造祭禰廟。

天子無事與諸侯相見曰朝[1]。考禮，正刑，一德，以尊于天子。天子賜諸侯樂，則以柷將之[2]；賜伯、子、男樂，則以鼗將之[3]。諸侯，賜弓矢然後征，賜鈇鉞然後殺[4]，賜圭瓚然後為鬯[5]。未賜圭瓚，則資鬯於天子。

注釋

1 無事：指沒有戰爭死喪之事。

2 柷（粵：祝；普：zhù）：一種木製的敲擊樂器，形如方漆桶，其中有椎，以椎擊底有聲，奏樂前先擊之，用以節制音樂。

3 鼗（粵：逃；普：táo）：長柄小鼓，兩旁有耳墜，狀似今之撥浪鼓，在樂曲結束時搖以止樂。

4 鈇鉞（粵：膚越；普：fū yuè）：斧鉞指處死的刑具。鈇，同「斧」。

5 圭瓚（粵：贊；普：zàn）：灌酒器，一種柄似玉圭的勺子，用以盛酒祭祀。鬯（粵：唱；普：chàng）：祭祀用的酒，以黑黍所釀，氣味芬芳。

譯文

天子在平常情況下與諸侯相見稱為朝。會朝時，考訂禮儀，訂正刑法，統一道德規範，使各諸侯都尊崇天子。天子賜給諸侯（公爵、侯爵）樂器，以「柷」作為代表物；賜給伯爵、子爵、男爵樂器，以「鼗」作為代表物。諸侯，由天子賞賜弓矢之後，才有出征的權力；由天子賞賜斧鉞之後，才有誅殺的權力；由天子賞賜圭瓚之後，才有自行釀鬯酒的權力。未獲賞賜圭瓚的，就由天子賜給鬯酒。

天子命之教，然後為學。小學在公宮南之左，大學在郊。天子曰辟雍[1]，諸侯曰頖宮[2]。

注釋

1 辟雍：周天子為世子及貴族子弟設立的大學，其形四方環水，形如璧，故稱辟雍。

2 頖（粵：判；普：pàn）宮：又作「泮宮」，諸侯為世子及貴族子弟設立的大學，其形東西兩門以南有水相環而通。

譯文

天子下令開辦教育，然後設立學校。小學設在國君宮廷之南的左側，大學設在國都郊區。天子所設的大學稱辟雍，諸侯所設的大學稱宮。

天子將出征，類乎上帝，宜乎社，造乎禰，禡於所征之地[1]。受命於祖，受成於學。出征，執有罪，反，釋奠於學[2]，以訊馘告[3]。

注釋

1 禡（粵：罵；普：mà）：一種軍祭，具體禮典、儀式已不可考。

2 釋奠：設置酒食以奠祭先聖先師。

3 訊：俘虜。馘（粵：國；普：guó）：原指殺死敵軍後取其左耳以計軍功，也借指所殺之敵。

譯文

天子即將出征之前，要類祭上帝，宜祭社稷，造祭禰廟，並在開戰的地方舉行禡祭。出征前在祖廟占卜並祭拜先祖表示受命出征，並在大學裏決定策略。出兵征伐，擒獲有罪的人，歸返後，在大學設奠拜祭先聖先師，以稟告所獲俘虜與殺死敵軍的人數。

天子諸侯無事，則歲三田：一為乾豆[1]，二為賓客，三為充君之庖。無事而不田曰不敬[2]，田不以禮曰暴天物。天子不合圍，諸侯不掩群。天子殺則下大綏[3]，諸侯殺則下小綏，大夫殺則止佐車[4]，佐車止則百姓田獵。獺祭魚[5]，然後虞人入澤梁[6]；豺祭獸[7]，然後田獵；鳩化為鷹[8]，然後設罻羅[9]；草木零落，然後入山林。昆蟲未蟄，不以火田。不麛[10]，不卵，不殺胎，不殀夭[11]，不覆巢。

注釋

1 乾豆：將捕獲的動物製成乾肉，盛放於豆等祭器以供祭祀。

2 無事而不田曰不敬：據鄭注，沒有大事而不依時節田獵，會簡慢祭祀、忽略賓客，所以說「不敬」。

3 大綏（粵：需；普：suí）：天子田獵時所使用的大旗。

4 佐車：協助驅趕野獸的車輛。

5 獺（粵：察；普：tǎ）祭魚：水獺以魚為主食，常將捕獲的魚陳列於水邊，猶如祭祀時陳列供品，故稱獺祭魚。按照《月令》規定，每年孟春正月「獺祭魚」，此後，就可以入湖澤下網捕魚了。

6 虞人：掌管山林湖澤的官員。

7 豺祭獸：生性兇猛的犬科動物，捕獸時圍陣若祭，故稱豺祭獸。據說，「豺祭獸」，是在秋天九、十月時。

8 鳩化為鷹：古人以為鳩與鷹是可以互相變化的，據說「鳩化為鷹」在仲秋八月。其實，鳩、鷹不能互化，這是古人的誤解。

9 罻（粵：慰；普：wèi）：小網。

10 麛（粵：迷；普：mí）：又作「麑」，幼鹿，泛指幼獸。此處指捕捉幼獸。

11 殀（粵：擾；普：yǎo）：斷殺。夭：未成年的禽獸。

譯文

天子、諸侯在平常無戰爭或凶喪之事時，每年狩獵三次：一是為了祭祀準備供品，二是為了招待賓客準備菜肴，三是為了充實天子、諸侯的廚房膳食。平常無戰爭或凶喪之事卻不狩獵就是不敬，狩獵而不依循相關的禮儀規定就是戕害上天所生之物。為了避免物種滅盡，天子狩獵不採取四面合圍的方式，諸侯狩獵不殺盡成群的野獸。天子獵獲時就放下指揮的大旗，諸侯獵獲時就放下指揮的小旗，大夫獵獲時就停下助獵的佐車，佐車停下後百姓就可以開始狩獵。孟春正月，水獺將捕獲的魚陳列如祭品以後，管理川澤的虞人可以進入湖澤並設魚梁捕魚；季秋九月，豺獸如祭祀般圍獵以後，才能開始狩獵；仲秋八月，鳩化為鷹以後，才能設羅網捕捉飛鳥；草木凋零後，才進入山林砍伐樹木。昆蟲還未冬眠蟄居時，不能放火燒草以獲取獵物。不捕取幼獸，不掏取鳥卵，不殺懷胎的母獸，不殺小獸，不毀壞掀覆鳥巢。

賞析與點評

觀古人田獵之舉，隱約窺見可持續發展的意義。

天子七日而殯[1]，七月而葬。諸侯五日而殯，五月而葬。大夫、士、庶人三日而殯，三月而葬。三年之喪，自天子達。庶人縣封[2]，葬不為雨止，不封不樹[3]。喪不貳事，自天子達於庶人。喪從死者，祭從生者。支子不祭。

注釋

1 殯：死者入殮後暫置靈柩以待葬。

2 縣（粵：原；普：xuán）封：指直接懸繩下棺而不立碑。縣，同「懸」。封，堆土為墳包。鄭注以為當作「窆」，將棺木放入壙穴。

3 不封不樹：據考證，中國在春秋以前，安葬死者墓穴上是不起封土堆，也不種植樹木的。

譯文

天子死後第七天殯，第七個月下葬。諸侯死後第五天殯，第五個月下葬。大夫、士、庶人死後第三天殯，第三個月下葬。為父母服三年之喪，從天子以至庶人都是一樣的。庶人的棺以懸吊的方式下葬，棺柩安葬不因下雨而停止，墓壙上不堆土為墳也不種樹。服喪期間要專一而不從事其他活動，從天子到庶人都一樣。喪禮的規格要依照死者生前的身份地位而定，祭禮則依照主祭者的身份地位而定。支子不能主持祭祀。

天子七廟，三昭三穆[1]，與大祖之廟而七[2]。諸侯五廟，二昭二穆，與大祖之廟而五。大夫三廟，一昭一穆，與大祖之廟而三。士一廟。庶人祭於寢。

注釋

1 三昭三穆：指父、祖、曾祖、高祖、高祖之父、高祖之祖的宗廟排列次序，若子為昭，則父為穆、祖為昭、曾祖為穆，依次遞推。昭、穆，周代祖先宗廟排列之次序，左為昭廟，右為穆廟。

2 大祖：即太祖，指始封之祖，周王天子以后稷為太祖，諸侯、大夫則以始封之君為太祖。

譯文

天子設立七廟，三座昭廟，三座穆廟，加上太祖廟共七廟。諸侯設立五廟，兩座昭廟，兩座穆廟，加上太祖廟共五廟。大夫設立三廟，一座昭廟，一座穆廟，加上太祖廟共三廟。士設立一廟。庶人不設廟，就在住所中祭祀祖先。

天子諸侯宗廟之祭，春曰礿，夏曰禘，秋曰嘗，冬曰烝[1]。天子祭天地，諸侯祭社稷，大夫祭五祀[2]。天子祭天下名山大川：五嶽視三公[3]，四瀆視諸侯[4]。諸侯祭名山大川之在其地者。天子諸侯祭因國之在其地而無主後者[5]。

注釋

1 礿（粵：若；普：yuè）、禘（粵：帝；普：yuè）、嘗、烝：據鄭注，礿、禘、嘗、烝為夏殷的祭名，周代則改春曰祠、夏曰礿。

2 五祀：指祭戶、灶、中霤、門、行五種神。

3 視三公：據鄭注，指祭祀規格，即所用祭牲、祭器及儀式比照祭祀三公。

4 四瀆：《爾雅·釋水》：「江、河、淮、濟為四瀆。」

5 因國之在其地而無主後者：據鄭注，指世代承襲之故國，其先王先公有功德本應世世代代受祀，卻無後嗣為之主祭者。因，承襲。

譯文

天子、諸侯四時的宗廟祭祀，春祭稱為「礿」，夏祭稱為「禘」，秋祭稱為「嘗」，冬祭稱為「烝」。天子祭祀天地，諸侯祭祀社稷，大夫祭祀五祀。天子祭祀天下的名山大川：祭五嶽比照三公祭祀的祭牲與祭器規格，祭四瀆比照諸侯的祭牲與祭器規格。諸侯祭祀在自己領土境內的名山大川。天子、諸侯祭祀境內沒有後嗣為之祭祀的故國之主。

古者公田藉而不稅[1]；市，廛而不稅[2]；關，譏而不征[3]。林麓川澤，以時入而不禁。夫圭田無征[4]。用民之力歲不過三日。田里不粥[5]，墓地不請。

注釋

1 藉而不稅：征借民力耕種，可以抵稅。藉，借也。

2 廛（粵：前；普：chán）而不稅：租用公家店鋪做買賣，只收房租，不另徵收貨物稅。廛，公家所建的店鋪。

3 譏：稽查，指稽查往來的異言異服之人。

4 圭田：卿、大夫、士用以供奉祭祀的田。

5 粥（粵：育；普：yù）：同「鬻」，賣。

譯文

古時候，協助耕種公田者，不徵收田稅；在市集租借公家店鋪買賣者，只收店租而不徵收貨物稅；各大小關口，負責稽查往來的異言異服之人而不徵收關稅。森林、山麓、河川、沼澤，若按照適當的時節伐木、漁獵，就不加禁止。耕種供奉祭祀的田不征賦稅。公家徵用民眾服勞役，一年不超過三天。公家分配給人民的田宅不得出售，喪葬用公家規劃的墓地，不得另有請求。

凡居民材[1]，必因天地寒暖燥濕、廣谷大川異制，民生其間者異俗，剛柔、輕重、遲速異齊[2]，五味異和，器械異制，衣服異宜。修其教，不易其俗；齊其政，不易其宜。中國戎夷，五方之民，皆有性也，不可推移。東方曰夷，被髮文身[3]，有不火食者矣。南方曰蠻，雕題交趾[4]，有不火食者矣。西方曰戎，被髮衣皮，有不粒食者矣[5]。北方曰狄，衣羽毛穴居，有不粒食者矣。中國、夷、蠻、戎、狄，皆有安居、和味、宜服、利用、備器。五方之民，言語不通，嗜欲不同。達其志，通其欲：東方曰寄，南方曰象，西方曰狄鞮，北方曰譯[6]。

注釋

1 材：材藝。鄭注說「使其材藝堪地氣」，是說人之秉性、材藝因為各地環境不同而有差異。

2 齊（粵：劑；普：jì）：同「劑」，分量。

3 被：披。

4 雕題：在額頭上刺青。雕，刻鏤。題，額頭。交趾：兩足足趾向內相交。

5 不粒食：不吃糧食而食禽獸之肉，是因為當地氣候寒冷、少五穀。粒，穀物。

6 寄、象、狄鞮（粵：低；普：dī）、譯：四方各地對於翻譯的稱呼。

譯文

凡各地居民的秉性材藝，必會因為當地天候寒暖燥濕、居處環境為山谷大川等差異而有不同的類型，人民生活在不同的天候、地理條件下，發展出不同的風俗民情，性格中剛柔、輕重、快慢的特點各不相同，對五味的偏好各不相同，使用的器械形制各不相同，衣服的材質樣式各不相同。國家要施行禮法教化各地人民，而不改變他們原有的風俗；統一政令，而不改變適宜於各地的習俗。中原與四方民族，所有的人民，都有各自的習性，不可勉強改變。東方民族稱為夷，披頭散髮，身上繪着花紋，有的人不生火燒飯吃熟食。南方民族稱為蠻，額頭刺刻着花紋，左右兩腳相交錯，有的人不生火燒飯吃熟食。西方民族稱為戎，披頭散髮，穿着獸皮衣服，有的人不吃五穀食糧而食禽獸之肉。北方民族稱為狄，穿着鳥羽、獸皮的衣服，住在洞穴裏，有的人不吃五穀食糧而食禽獸之肉。中國、東夷、南蠻、西戎、北狄各地，各自都有舒適的住所、可口的味道、適當的衣飾、便利的用品、周備的器具。五方各地的人民，語言不相通，嗜好與需求也不相同。為了傳達思想意志，了解彼此的需求，有人負責溝通翻譯工作：東方叫作寄，南方叫作象，西方叫作狄鞮，北方叫作譯。

凡居民，量地以制邑，度地以居民。地、邑、民居，必參相得也。無曠土，無游民，食節事時，民咸安其居，樂事勸功，尊君親上，然後興學。

譯文

凡是安頓人民，要根據地勢高低廣狹來確定城邑的大小規模，要根據土地的寬窄多寡來決定居民的多少。地理環境、城邑規模、居民數量，三者一定要配合得當。沒有荒廢的土地，沒有無業遊民，飲食有所節制，使用民力都依照四時節令，人民都安心地居住生活，快樂地工作以致富於成效，尊敬君王，親愛長輩與上級，然後興辦學校，教化人民。

司徒修六禮以節民性[1]，明七教以興民德，齊八政以防淫，一道德以同俗，養耆老以致孝，恤孤獨以逮不足，上賢以崇德，簡不肖以絀惡[2]。命鄉簡不帥教者以告[3]。耆老皆朝於庠[4]。元日，習射上功[5]，習鄉上齒[6]，大司徒帥國之俊士與執事焉[7]。不變，命國之右鄉簡不帥教者移之左，命國之左鄉簡不帥教者移之右，如初禮。不變，移之郊[8]，如初禮。不變，移之遂[9]，如初禮。不變，屏之遠方，終身不齒[10]。

注釋

1 **司徒**：掌管教化的官員。六禮：指古代的冠禮、婚禮、喪禮、祭禮、鄉飲酒禮和鄉射禮、相見禮。

2 **簡**：選。絀（粵：卒；普：chù）：去除。

3 **鄉**：基層行政單位。帥：遵循。

4 **耆老**：指鄉中退休的高官及前輩賢人。朝：會。庠（粵：祥；普：xiáng）：古代的學校，特指鄉學。

5 **習**：演習。射：鄉射禮。功：指射中者。演習鄉射禮，由射中者居上位，故稱「上功」。

6 **鄉**：指鄉飲酒禮。齒：年紀。演習鄉飲酒禮，老者居上位，故稱「上齒」。

7 **俊士**：從鄉學擇優進入大學的人。

8 **郊**：鄉界以外的行政區劃。

9 **遂**：郊以外的行政區劃。

10 **齒**：錄用，收納。

譯文

司徒修習六禮以節制人民的習性，闡明七教以興發人民的德性，整齊八政以防止淫邪放肆，統一道德規範以形成共同的社會風俗，贍養老人以提倡孝道，撫恤孤獨的人以引導人民救濟困乏，尊重賢人以示崇尚道德，舉發小人以示罷斥邪惡。命各鄉挑出不服從教管的人，然後上報。讓高齡老人到學校聚會。選一個吉日，演習鄉射禮，以射中者為上；行鄉飲酒之禮，以老者居上；大司徒率領國家選出的俊士參與演習禮儀之事。如不服從教管的人仍不改變，就命右鄉挑出不服教管的人，將他們遷到左鄉，命左鄉挑出不服管教的人，將他們遷到右鄉，在異鄉，如前演習各種禮儀教化他們。如果再不改變，就把他們遷到郊區，也如前演習各種禮儀以教化他們。如果再不改變，就把他們遷到遠郊的遂，也如前演習各種禮儀以教化他們。最後如果依舊不變，就把他們驅逐到遠方，終身不錄用。

命鄉論秀士[1]，升之司徒，曰選士。司徒論選士之秀者而升之學，曰俊士。升於司徒者不征於鄉；升於學者不征於司徒，曰造士。樂正崇四術[2]，立四教[3]，順先王《詩》、《書》、《禮》、《樂》以造士。春秋教以《禮》、《樂》，冬夏教以《詩》、《書》。王大子、王子、群后之大子、卿大夫元士之適子、國之俊選，皆造焉。凡入學以齒。將出學[4]，小胥、大胥、小樂正簡不帥教者以告於大樂正[5]，大樂正告於王。王命三公、九卿、大夫、元士皆入學。不變，王親視學。不變，王三日不舉[6]，屏之遠方[7]，西方曰棘，東方曰寄，終身不齒。大樂正論造士之秀者以告於王，而升諸司馬[8]，曰進士。

注釋

1 論：考評。
2 樂正：樂官之長，掌管貴族子弟的教務。四術：指《詩》、《書》、《禮》、《樂》。
3 四教：以四術為本的教化。
4 出學：鄭注：「謂九年大成，學止也。」
5 小胥：掌管學生征令。大胥：掌管學籍。小樂正：為大樂正副手。三者皆大樂正的部屬。
6 不舉：食不舉樂，表示自責。
7 屏（粵：丙；普：bǐng）：摒。
8 司馬：掌管政務的官員。

譯文

命各鄉考評優秀人才，推薦給司徒，稱為選士。司徒考核選士中優秀的人推薦給大學，稱為俊士。推薦給司徒的可免服鄉中的徭役；推薦給大學的可免服國家的徭役，統稱為造士。樂正推崇《詩》、《書》、《禮》、《樂》四種學術，設立四類教程，遵循先王傳下來的《詩》、《書》、《禮》、《樂》以造就人才。春、秋二季教《禮》、《樂》，冬、夏二季教《詩》、《書》。王太子、王子、諸侯各國的太子、卿大夫及元士的嫡子、國中的俊士選士，都來就學。凡入學，依照年齡長幼安排各種學習，不論身份尊卑。即將學成時，小胥、大胥、小樂正要挑選出不服從管教的人，然後上報大樂正，大樂正再上報天子。天子於是命三公、九卿、大夫、元士都到大學去，演習各種禮儀，為不服管教的子弟示範。如果不改變，天子就親自去大學視察。如果還不改變，天子三天用膳時不舉樂，並將不服管教的子弟驅逐到遠方，到西方的稱為棘，到東方的稱為寄，終身不再錄用。大樂正考核學有所成的造士，選拔優秀的人才上報於天子，並推薦給司馬，稱為進士。

司馬辨論官材，論進士之賢者以告於王，而定其論。論定然後官之，任官然後

爵之，位定然後祿之。大夫廢其事，終身不仕，死以士禮葬之。有發，則命大司徒教士以車甲。

譯文

司馬辨析考評這些進士的為官能力，評選出進士中的優秀人才上報給天子，由天子進行最後的裁定。天子論定後就派任官職，出任官職後再頒授爵位，爵位確定後再發俸祿。大夫如果荒廢政事，則終身不再委任，死後也只能以士的禮儀安葬。國家有戰事要徵發兵卒時，就命大司徒教士子有關乘車戴甲等征戰之事。

凡執技[1]，論力，適四方，臝股肱[2]，決射御。凡執技以事上者，祝、史、射、御、醫、卜及百工。凡執技以事上者，不貳事，不移官，出鄉不與士齒。仕於家者，出鄉不與士齒[3]。

注釋

1 執技：指從事祝、史、射、御、醫、卜、百工等工作。

2 臝（粵：裸；普：luǒ）：赤身露體。股肱（粵：轟；普：gōng）：大腿和手臂。

3 不與士齒：據鄭注，執技者地位低賤，容許他們在鄉可與士並列，是執政者為了表現親和的治民原則。

譯文

凡有一技之長的，考校他們的能力，派他們到各地，裸露臂腿，比賽射箭和駕車。凡以一技之長事奉君王的人，有祝、史、射、御、醫、卜及百工。凡以一技之長事奉君王的人，不能兼職，不能改行，出了鄉就不能與士排序並列。在卿大夫家任職的，離開本鄉出外，也不能與士排序並列。

司寇正刑明辟[1]，以聽獄訟，必三刺[2]。有旨無簡[3]，不聽。附從輕[4]，赦從重。

凡制五刑[5]，必即天論[6]，郵罰麗於事[7]。凡聽五刑之訟，必原父子之親、立君臣之義以權之；意論輕重之序，慎測淺深之量以別之；悉其聰明，致其忠愛以盡之。疑獄，氾與眾共之；眾疑，赦之。必察小大之比以成之[8]。成獄辭，史以獄成告於正[9]，正聽之，正以獄成告於大司寇，大司寇聽之棘木之下[10]。大司寇以獄之成告

於王，王命三公參聽之。三公以獄之成告於王，王三又[11]，然後制刑。凡作刑罰，輕無赦。刑者侀也[12]，侀者成也，一成而不可變，故君子盡心焉。

注釋

1 司寇：掌管刑法的官員。辟：罪。

2 三刺：三度訊問調查，以弄清罪案，明斷是非。據《周禮・秋官・小司寇》，三刺是，一訊群臣，二訊群吏，三訊萬民。刺，偵訊，訊問。

3 旨：內在的意念，指犯罪意圖。簡：外顯的表徵，指犯罪事實。

4 附：判刑，施刑。

5 五刑：指墨（在臉部刺字）、劓（割鼻）、剕（斷足）、宮（割除或破壞生殖器）、大辟（死刑）五種刑罰。

6 論（粵：倫；普：lún）：通「倫」，倫理。

7 郵：據鄭注，指斷人罪過。麗（粵：離；普：lì）：附。

8 比：以前的案例。

9 史：負責整理獄訟記錄的史官。獄成：即獄辭。正：長，官長。

10 棘木：指天子外朝左右有九棵棘木，用以標示眾朝臣之位。

11 三又：即「三宥」。又，通「宥」，寬宥。據《周禮．秋官．司寇．司刺》，三宥是指在三種情況下犯罪則考慮寬宥：一為「不識」，指愚民因無知而犯罪；二為「過失」，即非故意的過失犯罪；三為「遺忘」，指因客觀狀況造成當事人一時遺忘法令而犯罪。

12 侀（粵：形；普：xíng）：成形。

譯文

司寇負責審定刑法、明辨刑罪，以審理獄訟，審理罪案時，一定要謹慎地偵訊案情，再三調查偵訊。對於有犯罪意圖而無犯罪事實的人，不予起訴。定刑時，凡刑罰可輕可重的，則從輕；刑罰可赦免時，按照可以赦免的重罪予以赦免。凡終審要判處五刑的，一定要考慮天倫關係，使斷案刑罰與犯罪事實相符。凡審理要判處五刑的訴訟，一定要考慮父子的親情、確立君臣之義，以權衡刑罰；依據犯罪情節認真思量刑罰的輕重，審慎考慮罪行的深淺程度，以判定刑罰的差別；充分發揮耳之聰、目之明，秉持忠恕仁愛的原則，使犯罪之人可盡情表述，使案情能清楚明白。有疑團的獄案，要廣泛地聽取眾人的意見；如眾人也疑而不決，就先赦免當事人。一定要考察罪行的大小，比照以前發生過的案例，完成審理。完成審判過程記錄之後，文書官就將案件審判結果上報給負責司法的長官。長官審核之後，再將案件審判結果上報大司寇，大司寇在天子外朝的棘木下審理案件。大司寇將審理結果上報天子，天子命三公一起參與審理。三公審理後把結果上報天子，天子再考慮是否在「三宥」的範圍內，然後就判定刑罰。凡制定刑罰，罪刑輕的不予赦免。刑，就是「侀」；侀，是成形、定型，形體既成而不可改變，人體一旦受刑，也不可改變，所以君子審理刑案一定要盡心盡責。

析言破律[1]，亂名改作，執左道以亂政，殺。作淫聲、異服、奇技、奇器以疑眾，殺。行偽而堅，言偽而辯，學非而博，順非而澤以疑眾[2]，殺。假於鬼神、時日、卜筮以疑眾，殺。此四誅者，不以聽。凡執禁以齊眾[3]，不赦過。

注釋

1 析言破律：指巧言玩弄辭藻以曲解法律。

2 澤：化妝用的膏脂，引申為有粉飾掩過之意。

3 禁：禁令。據《周禮．秋官司寇．士師》，國有五禁之法，即宮禁、官禁、國禁、野禁、軍禁等。

譯文

詭辯巧言、玩弄辭藻以曲解法律，混亂名分，變易制度，搞歪門邪道來干擾國政者，殺。製作淫邪的音樂、奇裝異服、詭異的技術、怪誕的器物來迷惑大眾者，殺。行為虛偽而貌似堅貞，言語虛偽而詭辯其辭，學非正道而貌似廣博，道理乖謬而巧飾，以此迷惑大眾者，殺。假借鬼神、時日吉凶、卜筮等以迷惑大眾者，殺。這四種該殺者，都不必再審理。凡是執行禁令、要求眾人一律遵守時，對犯禁者，不赦免。

有圭璧金璋[1]，不粥於市。命服命車，不粥於市。宗廟之器，不粥於市。犧牲不粥於市。戎器不粥於市。用器不中度，不粥於市。兵車不中度，不粥於市。布帛精粗不中數，幅廣狹不中量，不粥於市。姦色亂正色，不粥於市。錦文、珠玉成器，不粥於市。衣服飲食，不粥於市。五穀不時，果實未熟，不粥於市。木不中伐，不粥於市。禽獸魚鼈不中殺，不粥於市。關執禁以譏，禁異服，識異言。

注釋

1 金：王引之《經義述聞．禮記上》「圭璧金璋」條說，「金」當是「宗」之誤，「宗」是「琮」的假借。圭、璧、琮、璋，《聘禮》稱為「四器」，文獻多見。王說似可信。

譯文

有圭、璧、琮、璋貴重器物，不得在市場買賣。國君賞賜的衣物、車輛，不得在市場買賣。宗廟祭祀的用具，不得在市場買賣。祭祀用的犧牲，不得在市場買賣。軍隊用的武器，不得在市場買賣。生活用器不合標準規格的，不得在市場買賣。兵車不合標準規格的，不得在市場買賣。布帛的經緯線精粗不合標準規格的，門幅寬度不合尺寸規格的，不得在市場買賣。不正之色混淆正色、壓過正色的，不得在市場買賣。用錦紋、珠玉製成的器物，不得在市場買賣。日常的衣服飲食，不得在市場買賣。五穀未到成熟季節，果實尚未成熟的，不得在市場買賣。樹木過小、不合砍伐標準的，不得在市場買賣。禽獸魚鱉過小、不合捕捉標準的，不得在市場買賣。各關卡依照禁令稽查往來人員，禁止奇裝異服，辨識不同語言。

大史典禮，執簡記[1]，奉諱惡[2]。

注釋

1 簡記：冊書，用單枚的竹簡編連成冊。

2 奉：進奉。諱：先王的名諱。惡：先王的忌日。

譯文

太史掌管禮儀，手持簡冊文書，並進奉應避諱的先王名字與忌日。

天子齊戒受諫[1]。司會以歲之成質於天子[2]，冢宰齊戒受質。大樂正、大司寇、市三官[3]，以其成從質於天子，大司徒、大司馬、大司空齊戒受質。百官各以其成質於三官，大司徒、大司馬、大司空以百官之成質於天子，百官齊戒受質。然後，休老勞農[4]，成歲事，制國用。

注釋

1 齊戒受諫：據鄭注，此指歲末之際，群臣奏報當年的事務，並且對應當改進的地方提出諫議，因此天子要齋戒以示敬慎。齊，通「齋」。本節「齊」字皆同此。

2 司會：冢宰的屬下，主管財政以及考察群臣政績。成：統計的簿書。質：評斷，評定。

3 市：司市，司徒屬官，主管市場。

4 勞：犒勞。

譯文

年終時，天子齋戒以接受群臣奏報當年的事務並提出諫議。司會將一年來的行政業績統計簿書呈報天子評斷，冢宰齋戒接受天子的評定。大樂正、大司寇、司市三官員，隨從司會將各自的行政業績統計簿書呈報天子評斷，大司徒、大司馬、大司空齋戒接受天子的評定。百官各以其行政業績統計簿書呈報三大官員評斷，大司徒、大司馬、大司空再將百官的行政業績統計簿書呈報天子評斷，百官齋戒接受評定。然後，使老年人休養，犒勞農夫，完成一年應辦理的事，即可制定國家下一年的預算。

凡養老[1]，有虞氏以燕禮，夏后氏以饗禮，殷人以食禮，周人修而兼用之。五十養於鄉，六十養於國，七十養於學，達於諸侯。

注釋

1 養老：指養老禮，古代以養老之禮以宣揚尊老、敬老。

譯文

凡養老之禮各朝皆不同，有虞氏舉行燕禮，設宴於正寢且儀式比較輕鬆；夏后氏舉行饗禮，設宴於朝而儀式比較隆重；殷人舉行食禮，設酒不飲而以食為主；周人斟酌去取而兼用這三種禮。對五十歲以上的老人，在鄉中行養老禮；對六十歲以上的老人，在國都行養老禮；對七十歲以上的老人，在大學行養老禮。此例天子、諸侯通用。

八十拜君命，一坐再至[1]，瞽亦如之。九十使人受。五十異粻[2]，六十宿肉，七十貳膳[3]，八十常珍，九十飲食不離寢，膳飲從遊可也。六十歲制[4]，七十時制，八十月制，九十日修；唯絞、紟、衾、冒[5]，死而後制[6]。五十始衰，六十非肉不飽，七十非帛不暖，八十非人不暖，九十雖得人不暖矣。五十杖於家[7]，六十杖於鄉，七十杖於國，八十杖於朝，九十者天子欲有問焉，則就其室，以珍從。七十不俟朝[8]，八十月告存，九十日有秩。五十不從力政，六十不與服戎，七十不與賓客之事，八十齊喪之事弗及也。五十而爵，六十不親學，七十致政，唯衰麻為喪。

注釋

1 一坐再至：君王有所賞賜時，本應行隆重跪拜之禮，但是念及老年人體衰不勝勞頓，只須一跪二叩首。坐，即今之跪。至，指俯首至地。

2 粻（粵：章；普：zhāng）：糧食。

3 貳膳：佐以佳肴。貳，副，佐。

4 制：指預備製作喪葬用品。

5 絞：包束屍體殮衣的布帶。紟（粵：金；普：jīn）：單被，大殮時用。衾：被子，大小殮均用。冒：包裹屍體的最外層布套。此四者皆是人死後殮屍所用的物品。

6 死而後制：人死後才開始製作。

7 杖：拄杖，以下可以拄杖的場所，隨着老者年齡增長而越來越大，表示對老年人的體恤。

8 不俟朝：指年老的大夫、士上朝，向君王作揖行禮後即可退朝，不必等朝畢。

譯文

八十歲時拜謝君王賞賜，可以一跪二叩首，雙目失明的人也如此。九十歲的人可以找人代為接受君王賞賜。關於用餐，五十歲，可以享用較精美的糧食；六十歲，可以隔天吃一次肉；七十歲除了吃肉之外，可佐以另一種佳肴；八十歲，可以時常吃珍貴的食物；九十歲，飲食就在寢室中，出遊時飲食應隨時供給。關於製作喪具，六十歲要每年準備，七十歲要每個季節準備，八十歲要每個月準備，九十歲則每天都要準備；只有絞、紟、衾、冒等，是人死後才置辦的。人五十歲開始衰老，六十歲沒有肉就吃不飽，七十歲沒有絲帛衣物就不暖和，八十歲不依傍他人的身體就不暖和，九十歲雖然有人可依傍也不暖和了。五十歲可在家拄杖，六十歲可在鄉中拄杖，七十歲可在國都中拄杖，八十歲可在朝廷中拄杖，九十歲的人，天子若有事問，就要到老人家中去，帶着珍貴物品前往。七十歲上朝見君王，可以不必佇立等到朝畢才退朝；八十歲，君王每個月要派人去問候；九十歲，君王每天要派人致送膳食。五十歲可以不服勞役，六十歲可以不參與戰事，七十歲可以不參與宴會賓客，八十歲可以不參與祭禮及喪禮。大夫五十歲封爵位，六十歲不須親自到學校學習，七十歲可辭官退休，遇到喪事只要服喪服，不必參與喪禮的眾多儀式。

凡三王養老皆引年[1]。八十者一子不從政[2]。九十者其家不從政。廢疾非人不養者一人不從政。父母之喪，三年不從政。齊衰、大功之喪，三月不從政。將徙於諸侯，三月不從政。自諸侯來徙家，期不從政[3]。

注釋

1 引年：根據戶籍核定年齡。

2 政（粵：征；普：zhēng）：通「征」，徭役的徵召。

3 期（粵：基；普：jī）：滿一年。

譯文

凡夏、商、周三代行養老禮都根據戶籍以核定年齡，以確定資格。家有八十歲以上的人，可有一個兒子不服徭役。家有九十歲以上的人，全家都可不服徭役。家有殘廢、生病無人照料就無法生活的人，可有一人不服徭役。為父母守喪，三年不服役。服齊衰或大功之喪的，三月不服徭役。即將遷居到諸侯國采地的人，三月不服徭役。從其他諸侯國遷來定居的，一年不服徭役。

賞析與點評

「養老」原是個人之間情感回饋的行為，但在倫理化的中國社會中，在「人不獨親其親，不獨子其子」的思想影響下，「養老」就成為了公共課題。在古時候，「養老」之本在於「敬」。然而，在今天，我們將「養老」撥歸社會福利一環，「養」之功能或可保存下來，但「敬」的意味則淡漠了不少。

少而無父者謂之孤，老而無子者謂之獨，老而無妻者謂之矜[1]，老而無夫者謂之寡。此四者，天民之窮而無告者也，皆有常餼[2]。

注釋

1 矜（粵：關；普：guān）：亦作「鰥」。

2 餼（粵：氣；普：xì）：糧食。

譯文

年幼而沒有父親的人叫作「孤」，年老而沒有兒子的人叫作「獨」，年老而沒有妻子的人叫作「矜」，年老而沒有丈夫的人叫作「寡」。這四種人，是人民中困乏而無處可投訴的人，都要定期供應糧食。

瘖、聾、跛、躃、斷者、侏儒[1]，百工各以其器食之。

注釋

1 瘖（粵：暗；普：yīn）：啞。躃：亦作「躄」，足不能行。

譯文

啞吧、聾子、瘸子、不能行走的人、四肢斷殘的人、天生特別矮小的人，各種工匠都以各自的技能供養他們。

道路，男子由右，婦人由左，車從中央。父之齒隨行，兄之齒雁行，朋友不相逾。輕任并[1]，重任分，班白者不提挈[2]。君子耆老不徒行[3]，庶人耆老不徒食。大夫祭器不假。祭器未成，不造燕器。

注釋

1 任：指有擔負的人。

2 班白者：指頭髮斑白的老人。班，通「斑」。挈（粵：揭；普：qiè）：提。

3 君子：與下文「庶人」相對。孫希旦《禮記集解》認為是指大夫與士。

譯文

在道路上行走時，男子從右邊走，婦女從左邊走，車輛從中間行駛。與跟父親年齡相若的人同行，應跟隨在他後方；與兄長年齡相當的人同行，應該如雁行一樣並行而稍後於對方；與朋友同行，並肩而走不超越搶先。兩個各有擔負的人同行，如果兩人擔負都輕，就合在一起由比較年輕的人挑擔；若兩人擔負都重，則各自挑擔，由比較年輕的人挑重的，年長的人挑輕的；頭髮斑白的老人不提着東西走路。年老的大夫、士不徒步走路，年老的庶人吃飯要有肉。大夫應自備祭祀用器而不向他人借用。祭器未製成之前，不製造生活用器。

方一里者為田九百畝[1]。方十里者為方一里者百，為田九萬畝。方百里者為方十里者百，為田九十億畝[2]。方千里者為方百里者百，為田九萬億畝。

注釋

1 方一里：指面積邊長為一里。

2 億：相當於漢代的十萬。

譯文

一里見方的土地可以劃分田地九百畝。十里見方的土地是一里見方的一百倍，可以劃分田地九萬畝。一百里見方的土地是十里見方的百倍，可以劃分田地九十萬畝。一千里見方的土地是一百里見方的百倍，可以劃分田地九百萬畝。

古者以周尺八尺為步，今以周尺六尺四寸為步[1]。古者百畝，當今東田百四十六畝三十步。古者百里，當今百二十一里六十步四尺二寸二分。

注釋

1 今：指漢代。下同。

譯文

古時候以周尺的八尺為一步，現代則是以周尺的六尺四寸為一步。古時候田地百畝，相當於現代東方齊魯一帶田地的一百四十六畝三十步。古時候的一百里，相當於現代一百二十一里六十步四尺二寸二分。

六禮：冠、昏、喪、祭、鄉、相見。七教：父子、兄弟、夫婦、君臣、長幼、朋友、賓客。八政：飲食、衣服、事為、異別、度、量、數、制[1]。

注釋

1 異別：指五方用器各不相同。度：丈尺等長度單位。量：斗斛等容量單位。數：百十等計數單位。

譯文

六禮：是指冠禮、婚禮、喪禮、祭禮、鄉飲酒禮及鄉射禮、相見禮。七教：是指父子、兄弟、夫婦、君臣、長幼、朋友、賓客等人際關係的教育。八政：是指飲食、衣服、百工技藝、各類用器、長度單位、容量單位、計數單、布帛規格等八方面的制度規定。

禮運

本篇導讀——

《禮記·禮運》篇是《禮記》的第九篇。歷代以來，〈禮運〉篇備受重視。至民國初年，由於篇中的「大同說」得到康有為（一八五八——一九二七）、梁啟超（一八七三——一九二九）及孫中山（一八六六——一九二五）的吹捧，使本篇的地位躍然而起。什麼是「禮運」呢？據鄭玄《禮記目錄》云：「名曰『禮運』者，以其記五帝三王相變易、陰陽轉旋之道。」簡言之，本篇主要是談論「禮」的發展演變和運用，所以被命名為〈禮運〉。

就如《禮記》別的篇章一樣，〈禮運〉的作者與成篇年代素來眾說紛紜。如康有為、郭沫若（一八九二——一八九七）認為本篇為孔子（丘，前五五一——前四七九）與弟子言偃（字子游，前五〇六——前四四五）的對話。但錢穆（字賓四，一八九五——一九九〇）卻從子游的年歲、篇中思想歸屬等質疑康氏、郭氏之說。任銘善、王鍔等則認為〈禮運〉篇的主要部分是由子游所記錄的，其成篇約在戰國初期。其後，本篇輾轉流傳，滲入了陰陽五行之說，又經後人整理才成為今日所見的面貌。

本書所選的是篇中最著名的「大同」與「小康」兩節。「大同社會」是一個「天下為公，選賢與能，講信修睦」，而且「人不獨親其親，不獨子其子」的「公」的社會；「小康社會」則是「天下為家，各親其親，各子其子」的「私」的社會。「大同」與「小康」，「公」與「私」，從上述兩組觀念的「對照」中，我們可以發現中國思想傳統對「公」的欣羨和期盼。

昔者仲尼與於蜡賓[1]，事畢，出遊於觀之上[2]，喟然而歎。仲尼之歎，蓋歎魯也。言偃在側曰[3]：「君子何歎？」孔子曰：「大道之行也[4]，與三代之英[5]，丘未之逮也，而有志焉[6]。大道之行也，天下為公。選賢與能[7]，講信修睦，故人不獨親其親，不獨子其子，使老有所終，壯有所用，幼有所長，矜寡孤獨廢疾者[8]，皆有所養。男有分[9]，女有歸[10]。貨，惡其棄於地也，不必藏於己；力，惡其不出於身也，不必為己。是故謀閉而不興，盜竊亂賊而不作，故外戶而不閉。是謂大同。」

注釋

1 蜡（粵：炸；普：zhà）賓：蜡祭的助祭之賓。蜡，祭名。據《儀禮・郊特牲》，蜡祭在每年十二月舉行，合祭百神。賓，助祭者。當時孔子在魯國居官，在助祭者之列。

2 觀（粵：貫；普：guàn）：或稱「闕」，或台。

3 言偃：孔子弟子，姓言名偃，字子游。

4 大道之行：指能夠遵行非常廣大的道的五帝時代。「五帝」歷來有不同說法，《史記・五帝本紀》為軒轅黃帝、顓頊、帝嚳、堯、舜。

5 英：指才德出眾的人，即下文所說禹、湯、文、武、成王、周公。

6 志：識，指記載。

7 與（粵：舉；普：jǔ）：通「舉」。《大戴禮記・主言》作「選賢舉能」。

8 矜：同「鰥」。

9 分：職分，職業。

10 歸：女嫁曰歸。

譯文

以前仲尼參與魯國蜡祭的助祭，祭事結束後，他外出遊覽，登於門樓之上，不禁歎息。仲尼的歎息，大抵是為魯國而發出的。當時言偃在旁，說：「君子為什麼歎息？」孔子說：「五帝時期是大道施行的時代，三代時英明的君臣，我都沒能趕得上，但古書記載了當時的情況。大道施行的時代，天下為人民公有。選拔有德行的賢人、舉薦有道德的能人，講求誠信、修行和睦，所以人民不只是孝敬自己的雙親，不只是疼愛自己的子女，而是使老年人可以頤養天年，使壯年人可以發揮所能，使幼年人能健康地成長，鰥夫或寡婦、孤兒或無後者、殘廢或生病的人，都可以得到照顧與供養。使男子各有職業，使女子出嫁各有歸屬。財貨，厭惡它被任意拋棄在地上，卻不必只是自己想佔有收藏；力氣，厭惡自己有能力卻沒有用出來，盡力卻不必只是為自己。因此，陰謀被堵住了，沒有人搞了，盜竊、作亂、賊殺都不會發生，所以家家戶戶大門可以不關閉。這就叫作大同社會。」

「今大道既隱，天下為家，各親其親，各子其子，貨力為己，大人世及以為禮[1]。城郭溝池以為固，禮義以為紀；以正君臣，以篤父子，以睦兄弟，以和夫婦，以設制度，以立田里，以賢勇知。以功為己，故謀用是作，而兵由此起。禹、湯、文、武、成王、周公，由此其選也[2]。此六君子者，未有不謹於禮者也。以著其義，以考其信，著有過，刑仁講讓，示民有常。如有不由此者，在勢者去，眾以為殃。是謂小康。」

注釋

1 大人：指諸侯。世及：諸侯傳位，父子相傳為世，兄弟相傳為及，即世襲制度。

2 由：用。選：英才。

譯文

「而今大道已衰微不行，天下成了一家所有。人們各自孝敬自己的雙親，各自疼愛自己的子女，財貨人力都只為了自己，諸侯世襲相承成為禮制。修築城郭溝池以防守，將禮義視為綱紀；以此端正君臣關係，以加深父子關係，以和睦兄弟關係，以調和夫妻關係，以設立制度規章，以劃分田土宅里，以尊敬勇士與智者。由於成就功業都是為了自己，因此陰謀也就產生了，而戰爭也由此而發生。禹、湯、文、武、成王、周公，都是用禮義來治國的英才。這六君子，沒有不謹慎實行禮制的人。通過禮制以彰顯道義，以成就誠信，以明察過失，以仁為模範且講求謙讓，向人民昭示治國的常法。如果有不遵行禮義的，在位者就會因罪而被黜退，百姓會認為這是禍害。這就叫作小康社會。」

賞析與點評

在現代社會，我們重視對「公」(public) 與「私」(private) 的分別。在中國傳統的語境裏，「公」最初是指統治者或公務的意思。後來，經歷時代的遞嬗，「公」的涵義越來越豐富，而《禮記・禮運》篇所講的「大道之行也，天下為公」就包含「普遍」或「全體」的意義。從來談到「大同」與「小康」二章，人們總是離不開政治的討論。若我們暫把政治拋開，可能會發現上述兩章中最關鍵的分野不在於政治形態的差異，而是一顆無私的、關愛眾生之心的有無。或許，有人會對「大同社會」的設想嗤之以鼻，認為這是不設實際的空想，然而「大公無私」所包含的正是一種泯滅「自我」與「他者」界限的追尋。

學記

本篇導讀——

〈學記〉是《禮記》的第十八篇。鄭玄《禮記目錄》曰：「名曰『學記』者，以其記入學、教之義」。關於〈學記〉的成篇年代，歷來有不同的說法。簡單來說，〈學記〉成篇的時間跨度，由戰國前期至漢代，長達數百年。至於本篇的作者問題，一如成篇之說，仍是莫衷一是，有言是子思所作，或謂作者是孟子學生樂正克，又有說是成於漢人之手。然而據研究顯示，此篇屬於思孟學派作品的可能性較高。[1]

如鄭玄所言，〈學記〉所記的是「入學、教之義」。簡而言之，本篇是中國儒家傳統的教育指南。從教育意義、建制規章、教學方法、評量綱要，到教與學的關係與師生的定位，都一一

1 丁鼎：《禮記解讀》（北京：人民大學出版社，2010），頁432。

涵蓋其中。誠然，時代不同，教育的內容與模式因時而變是必然的事，但〈學記〉篇所記的一些「教育原則」，如教育與社會的關係——「君子如欲化民成俗，其必由學乎」；如教育與人格培養之關係——「玉不琢，不成器；人不學，不知道」；如教師施教時忌照本宣科——「呻其佔畢」，忌直接講明答案——「多其訊言」，應遵守「道而弗牽，強而弗抑，開而弗達」的四大原則，時至今日上述種種仍然行之有效。

發慮憲[1]，求善良，足以謏聞[2]，不足以動眾。就賢體遠，足以動眾，未足以化民。君子如欲化民成俗，其必由學乎！

注釋

1 憲：法。

2 謏（粵：小；普：xiǎo）：小。聞（粵：問；普：wèn）：聲譽，名聲。

譯文

思想符合法則，招徠善良之士，能博取小名聲，不足以感動大眾。親近賢人、體恤遠方的臣民，能感動大眾，不足以教化人民。君子如果想要教化人民並形成良好的風俗，就必須從辦學校、興教育入手。

賞析與點評

政府推行教育，最終的目的，不是培養專才，而是「化民成俗」。

玉不琢，不成器；人不學，不知道。是故古之王者建國君民，教學為先。《兑命》曰[1]：「念終始，典於學[2]。」其此之謂乎！

注釋

1《兑（粵：悦；普：yuè）命》：「兑命」當作「説命」，《尚書》佚篇名。

2 典：常。

譯文

玉不雕琢，就不能成為有用的器物；人不學習，就不能知曉道理。所以古代的君王建立國家、治理人民，以興辦教育為先。《說命》說：「自始至終，常常都惦記着致力於學習。」就是這個意思吧！

賞析與點評

「玉不琢，不成器；人不學，不知道」，人之可貴在於可學，學之可貴在於達道。

雖有嘉肴，弗食，不知其旨也；雖有至道，弗學，不知其善也。是故學然後知不足，教然後知困。知不足，然後能自反也；知困，然後能自強也。故曰：教學相長也。《兌命》曰：「學學半[1]。」其此之謂乎。

注釋

1 學（粵：效；普：xiào）學半：教與學，各獲益一半。上「學」字，即「斆」，教。

譯文

雖有美食佳肴，不親口一吃，不知道它的美味；雖有深刻的道理，不親自一學，不明白它好在哪裏。所以，學習之後才知道自己的不足，教人之後才發覺自己的困惑。知道自己不足，然後才能夠反省自己；發覺自己的困惑，然後才能發奮圖強。所以說：教與學是相互促進的。《說命》說：「教與學，各獲益一半。」說的就是這個意思吧！

古之教者，家有塾[1]，黨有庠[2]，術有序[3]，國有學。比年入學[4]，中年考校。一年視離經辨志，三年視敬業樂群，五年視博習親師，七年視論學取友，謂之小成。九年知類通達，強立而不反，謂之大成。夫然後足以化民易俗，近者說服而遠者懷之，此大學之道也。《記》曰[5]：「蛾子時術之[6]。」其此之謂乎。

注釋

1 塾：與下述「庠」、「序」、「學」皆古代學校名。據孔疏，古代二十五家為閭，同在一巷，巷首有門，門邊有塾，居民子弟受教於塾。

2 黨：據《周禮・地官・大司徒》，五百家為黨。黨屬於鄉。

3 術：鄭注說，當為「遂」。據《周禮・地官・大司徒》，一萬二千五百家為遂。遂在遠郊。

4 比年：每一年。

5 《記》：孔疏：「舊人之記先有此語，記禮者引舊記之言。」

6 蛾（粵：蟻；普：yǐ）子時術之：螞蟻不停地銜土，最終壘成了土丘。蛾，螞蟻。

譯文

古代的教育，二十五家的閭有塾，五百家的黨有庠，一萬二千五百家的遂有序，天子、諸侯的國都有學。每年有新生入學，隔一年考核一次。入學一年後，考核句讀能力並辨別學習興趣的方向；入學三年後，考核是否專心課業且善於合群；入學五年後，考核是否精專廣博且敬愛師長；入學七年後，考核講論學問及識人交友的能力；完成七年學習，通過考核，稱為小成。入學九年後，知道觸類旁通，能獨立、有原則而不違反師教，稱為大成。學業大成後，就足以教化人民、改變風俗，使親近的人心悅誠服，而遠方的人都來歸附。這就是大學之道。《記》說：「螞蟻不停地銜土，終於壘成了土堆。」說的就是這個意思吧！

大學始教，皮弁祭菜[1]，示敬道也。《宵雅》肄三[2]，官其始也[3]。入學鼓篋[4]，孫其業也[5]。夏、楚二物[6]，收其威也。未卜禘不視學[7]，游其志也[8]。時觀而弗語，存其心也。幼者聽而弗問，學不躐等也[9]。此七者，教之大倫也。《記》曰：「凡學，官先事，士先志。」其此之謂乎。

注釋

1 皮弁（粵：辨；普：biàn）：即皮弁服，一種禮服名。祭菜：釋菜禮，將菜置放在先聖、先師的神位前進行祭祀典禮。

2 《宵雅》：即《小雅》。宵，通「小」。肄（粵：義；普：yì）三：學習三篇詩歌。鄭注說是《鹿鳴》、《四牡》、《皇皇者華》三篇。肄，習。

3 官其始：勸誘初學學生立志任官事上。鄭注認為，安排學生學習《小雅》這三篇詩歌，都屬於君臣宴樂、犒勞辛苦的內容，可以勸誘學生為事上的意願。

4 鼓篋：一種入學的儀式。開學時，大胥之官擊鼓以召集學生，到齊後，便會打開書箱，取出書籍。

5 孫（粵：迅；普：xùn）：通「遜」，敬順。

6 夏、楚：兩種教鞭，夏是用槄木製作的，楚是用荊條製作的。

7 視學：孔疏謂即考校評判優劣。

8 游：優遊從容。

9 躐（粵：獵；普：liè）：超越。

譯文

大學開學時，穿着皮弁服，在先聖先師神位前祭菜，表示敬重師道。誦習《小雅》中的三篇詩歌，這是為了誘導學生在開始學習時就立志做官事奉君王。入學時，擊鼓召集學生，打開書箱取出書籍，使學生敬順學業。使用夏、楚兩種教鞭威懾違規的學生，收斂他們的氣勢。天子、諸侯沒有經過占卜舉行禘祭，不到學校視察考核，使學生志意從容寬鬆，學習不會緊迫急切。教師注意觀察學生，卻不事事叮嚀，讓學生動腦筋、存疑問，培養獨立思考的能力。對年幼的學生只聽他們講而不隨意提問，因為學習不能逾越等級。這七項，就是教學的大綱。《記》說：「凡是學習，學做官就先學為官之事，學做士就先學學士之志。」說的就是這個意思吧！

大學之教也，時教必有正業[1]，退息必有居學[2]。不學操縵[3]，不能安弦；不學博依[4]，不能安《詩》；不學雜服[5]，不能安禮；不興其藝，不能樂學。故君子之於學也，藏焉，修焉，息焉，遊焉。夫然，故安其學而親其師，樂其友而信其道。是以雖離師輔而不反[6]。《兌命》曰：「敬孫務時敏，厥修乃來[7]。」其此之謂乎！

注釋

1 時教：因時施教。正業：孔疏說，即先王正典，而非諸子百家。朱熹將「時」字屬上句，讀為「大學之教也時」，認為即春夏讀禮樂，秋冬讀詩書。

2 居學：指居家休息時的輔助性學習。以下「安弦」、「博依」、「雜服」、「興藝」等，都是「居學」的內容。

3 操縵：操弄琴弦。縵，弦索。

4 博依：廣博的譬喻。《詩》善用比興的寫作手法，讀者必須博學多聞，知道天地萬物草木、鳥獸、蟲魚之事，才能理解《詩經》的內在意涵。

5 雜服：據鄭注，指各種弁冕、服飾。

6 輔：指朋友。

7 厥：其。修：修正業，指修業的成果。

譯文

大學的教學，要因時施教安排授課內容，教學內容必是先王的正典，課後休息時必有各種在居所的學習。不學撥弄琴弦的指法，就不能把琴彈好；不廣博地學習比興比喻，就不能真正領會理解《詩》義；不學習各種服飾弁冕知識，就不能好好地操持執行禮典禮儀；不喜好精深博雅的技藝，就不能有樂趣地學習。所以，君子對於學習這件事，時刻懷着學習的心志，不斷地研修肄習，休息時不忘學習，遊樂時也不忘學習。這樣一來，才能安心學習並親近師長，快樂地與朋友交往，信奉所學的道理。所以，即使離開師友也不會違反所學的道理。《說命》說：「敬重道義，謙遜問學，努力學習，時刻學習，盡快實行，那修業的成果才會到來。」說的就是這個意思吧！

今之教者，呻其佔畢[1]，多其訊言[2]，及於數進[3]，而不顧其安[4]，使人不由其誠[5]，教人不盡其材。其施之也悖，其求之也佛[6]。夫然，故隱其學而疾其師，苦其難而不知其益也，雖終其業，其去之必速。教之不刑[7]，其此之由乎！

注釋

1 呻其佔（粵：sim¹；普：shān）畢：指教師不懂經義，只會照本宣科吟讀簡冊，而無法為學生詮釋義理。佔畢，簡冊。佔，通「笘」。

2 訊：王引之說，應讀「誶」。「多其誶言」，即多其告語，指不等學生自己思考領悟，就告訴學生。

3 及於數進：汲汲於求速進。及，通「汲」，汲汲。數，讀為「速」。

4 安：通曉。

5 使人：即教人。

6 佛：通「拂」，乖戾。

7 刑：成功。

譯文

今天的教師，只知道照本宣科拿着簡冊吟讀，不等學生自己思考領悟就生硬灌輸知識，急急忙忙只求進度，而不管學生是不是真的通曉道理，教授學生不是誠心誠意的，給學生傳授知識也有所保留。教師施教違背常理，學生求學便拂逆。正因如此，所以學生厭惡學習而且痛恨自己的教師，畏懼學習，感到痛苦，而不知道學習的好處。即使完成了學業，也必然很快地忘掉學過的東西。教育之所以不能成功，應該就是這個原因吧！

賞析與點評

為人師者，不能照本宣科，只顧評估成績，而能啟導後進，才是教學之道。

大學之法，禁於未發之謂豫[1]，當其可之謂時，不陵節而施之謂孫[2]，相觀而善之謂摩。此四者，教之所由興也。

注釋

1 豫：預備，預防。

2 陵節：超越階段。孫：通「遜」，順也。

譯文

大學教育的方法是，在邪念未萌發之時就加以防止，這叫作預防；在可以接受教育之時就加以教育，這叫作適時；不超越階段而循序漸進地施教，這叫作順序；互相觀察而學習別人的優點，這叫作觀摩。這四項，是教育之所以能興盛的方法。

發然後禁，則扞格而不勝[1]；時過然後學，則勤苦而難成；雜施而不孫，則壞亂而不修；獨學而無友，則孤陋而寡聞；燕朋逆其師[2]；燕辟廢其學[3]。此六者，教之所由廢也。

注釋

1 扞（粵：汗；普：hàn）格：抵觸。

2 燕：輕慢。

3 燕辟：鄭注云：「褻師之譬喻。」

譯文

在邪念萌發後才加以禁止，即使抵觸抗拒也不能戰勝邪念；在過了應當學習的年紀之後才學習，就會勞累辛苦而難有成效；教學雜亂而不依順序，就搞亂搞壞了教學體系而無法治理；獨自學習而沒有朋友相互交流切磋，就會孤陋寡聞；輕慢朋友就會違背師教；輕慢老師教學的訓諭，就會荒廢學業。這六項，是教育之所以會失敗的原因。

君子既知教之所由興，又知教之所由廢，然後可以為人師也。故君子之教喻也，道而弗牽[1]，強而弗抑[2]，開而弗達。道而弗牽則和，強而弗抑則易，開而弗達則思。和易以思，可謂善喻矣。

注釋

1 道（粵：稻；普：dǎo）：導引。下同。

2 強（粵：kœŋ⁵；普：qiǎng）：勸勉。

譯文

君子已經知道教育之所以興盛的方法，又知道教育之所以失敗的原因，然後就可以為人師表了。所以君子教育學生時，引導而不牽制，勸勉而不壓抑，啟發思考而不說盡。引導而不牽制能使師生關係融洽，勸勉而不壓抑能使學生學習時容易接受，啟發而不說盡能使學生思考。使學生和順，易於領會接受，又能獨立思考，這就稱得上善於教諭的了。

學者有四失，教者必知之。人之學也，或失則多，或失則寡，或失則易，或失則止[1]。此四者，心之莫同也。知其心，然後能救其失也。教也者，長善而救其失者也。

注釋

1 止：指學者尚未知曉通透道理，卻不肯請教諮問，以為自己所想的即是結論。

譯文

學生容易產生四種過失，教師必須了解。人們學習時，有的失於貪婪求多，有的失於孤陋寡聞，有的失於膚淺而不知深究，有的失於自以為是而固步自封。這四項過失的產生，各自的心理是不同的。教師必須知道他們的心理，然後才能糾正他們的過失。教育，就是讓學生發揮所長，並糾正他們的過失。

善歌者，使人繼其聲；善教者，使人繼其志。其言也約而達，微而臧[1]，罕譬而喻，可謂繼志矣。

注釋

1 臧（粵：莊；普：zāng）：善也。

譯文

善於唱歌的人，能使人感動而不知不覺地跟着唱；善於教育的人，能使人聽懂了他講的道理、繼承他的志向。言語簡約而通達，精微而妙善，少用譬喻而意義明白，能夠做到這幾點的，就稱得上是能使人繼承志向的人。

君子知至學之難易，而知其美惡，然後能博喻，能博喻然後能為師；能為師然後能為長，能為長然後能為君。故師也者，所以學為君也。是故擇師不可不慎也。《記》曰：「三王四代唯其師[1]。」此之謂乎！

注釋

1 三王：夏、殷、周三代之王。四代：三代加虞。

譯文

君子知道到達學問之路的難易，而且知道學生的素質有好有壞，然後能廣用比喻、因材施教。能廣用比喻、因材施教，然後才能為人師表；能為人師表，然後才能做官長；能做官長，然後才能做國君。所以，跟着老師學習，就是學習做國君。因此，選擇老師不可不慎重。《記》說：「三王、四代都是以老師為重的。」說的就是這個意思吧！

凡學之道，嚴師為難[1]。師嚴然後道尊，道尊然後民知敬學。是故君之所不臣於其臣者二：當其為尸，則弗臣也；當其為師，則弗臣也。大學之禮，雖詔於天子[2]，無北面，所以尊師也。

注釋

1 嚴：尊敬。

2 詔：教。

譯文

凡學習之道，最難的就是尊敬老師。老師受到尊敬，然後道才會受到尊重；道受到尊重，然後人民才知道認真學習。因此，國君不把臣子當作臣子看待，只有兩種情況：一種是當臣子擔任祭祀的尸時，就不敢把他看作是臣子。另一種是當臣子是自己的老師時，就不敢把他看作是臣子。大學的禮儀，雖然是給天子講學，老師不必面向北方表示居臣位，就是為了表示尊敬老師。

賞析與點評

「尊師重道」在於「敬」，「敬」的不是老師本人，而是老師所傳授的「道」。

善學者，師逸而功倍，又從而庸之[1]。不善學者，師勤而功半，又從而怨之。善問者，如攻堅木，先其易者，後其節目，及其久也，相說以解[2]；不善問者反此。善待問者，如撞鐘，叩之以小者則小鳴，叩之以大者則大鳴，待其從容，然後盡其聲。不善答問者反此。此皆進學之道也。

注釋

1 庸：功勞。

2 說（粵：脫；普：tuō）：通「脫」，解脫。

譯文

善於學習的人，老師輕鬆而效果加倍，學生又從而歸功於老師。不善於學習的人，老師辛勤而效果減半，學生又從而埋怨老師。善於發問的人，好比攻治堅硬的木材，要先從容易的部位開始，然後再砍伐堅硬的關節處，等到時間久了，木材就可以分解了；不善於發問的人正與此相反。善於回答問題的人，好比撞鐘，小力地敲打鐘聲就小，用力地敲打鐘聲就大，讓鐘聲從容不迫地發出迴響，然後漸漸鳴響完。不善於回答問題的正與此相反。這都是推進學習的方法。

記問之學，不足以為人師。必也其聽語乎！力不能問，然後語之；語之而不知，雖舍之可也。

譯文

只靠預先記誦書中的資料來給學生講授的，不足以成為老師。必須是聽了學生發問後才加以解答吧！如果學生有疑惑卻不懂得發問，老師才主動為學生解惑；如果為學生講解了而學生仍然無法理解，先擱置一旁，以後再講解也是可以的。

良冶之子必學為裘[1]；良弓之子必學為箕[2]；始駕馬者反之[3]，車在馬前。君子察於此三者，可以有志於學矣。

注釋

1 冶：冶鑄。為裘：以獸皮縫綴裘衣，把一片片的獸皮拼合成皮衣。

2 為箕：畚箕必須彎曲柳條來編製。

3 始駕馬：初學駕車的幼馬。反之：據孔疏，指由大馬駕車在前，而習駕的小馬繫在車後，一反大馬駕車的常態，主要是為了讓未曾駕車的小馬免於因驚恐而奔馳。

譯文

優秀的冶鑄工之子，一定要學習縫製裘衣；優秀的製弓匠之子，一定要學習編製畚箕；剛開始學習駕車的幼馬，與大馬駕車的位置相反，大車行在幼馬前。君子明白了這三件事的道理後，就可以觸類旁通，立志向學了。

古之學者，比物醜類[1]。鼓無當於五聲[2]，五聲弗得不和；水無當於五色[3]，五色弗得不章；學無當於五官[4]，五官弗得不治；師無當於五服[5]，五服弗得不親。

注釋

1 比物醜類：指排比並列各類事物。醜，鄭注：「猶比也」。

2 當：主也。五聲：宮、商、角、徵、羽。

3 五色：青、赤、黃、白、黑。

4 五官：據《曲禮》，指司徒、司馬、司空、司士、司寇。這裏泛指政府各級官吏。

5 五服：指斬衰、齊衰、大功、小功、緦麻五種喪服。

譯文

古代的學者，喜歡排比並列各類事物。鼓，本不是五聲中的一項，而五聲沒有鼓的調節就不能和諧；水，本不是五色中的一項，而繪畫時若沒有水的調和，五色就無法彰顯色彩；學，本不是五官中的一項，而五官若不通過學，就無法學習治理之道；老師，本不在五服之中，而五服之內的親屬不通過老師的教導，就不知道應當怎樣相親近。

君子曰：「大德不官，大道不器，大信不約，大時不齊。察於此四者，可以有志於學矣。」

譯文

君子說：「最大的德性不局限於任何官職，最高的道理不拘泥於任何器用，最大的誠信不受符券約束，最要緊的天時不會將萬物消長、榮枯、興衰整齊地劃一起來。明白了這四項，就可以有志向學了。」

三王之祭川也，皆先河而後海，或源也[1]，或委也[2]。此之謂務本。

注釋

1 源：據孔疏，指河。

2 委：據孔疏，指海。

譯文

夏、商、周三代君王祭祀河川，都先祭河再祭海，河是源頭，海是眾水匯聚之處。這就叫作務求根本。

賞析與點評

誠如約翰．洛克（John Locke, 1632–1704）所言，教育的任務不在於使年青人精通任何一種學科，而在於啟發他們的智慧，使他們學習得更好。而《禮記．學記》篇正告訴我們，讓年青人學曉「敬業樂群」、「博習親師」，培養年青人健全的人格，才是教育的最高目的。不過在現代社會中，由於分工過精，所謂「教育」往往與「專才培訓」劃上等號，教師要是「專才」，學生也是「專才」。「專才」意味着「技術」水平的成就，卻遠不能達到「化民成俗」的理想。

樂記

本篇導讀——

〈樂記〉為《禮記》第十九篇，是一篇儒家「樂」論的專著。什麼是「樂」呢？〈樂記〉所謂「樂」，包含兩層意義：一是指詩、樂舞、樂器演奏的混合體；二是指感情上的愉悅。簡言之，《樂記》記述了樂的產生、樂與禮的關係、禮樂的作用及其影響。

據鄭玄《禮記目錄》所記，〈樂記〉原有十一篇，後來合為一篇。若按原來的篇目和章節，可作以下的劃分：

篇目	章節	內容重點
〈樂本〉	一至九	論述聲、音、樂的產生及其相互關係，並論及樂之不同所起的不同作用。
〈樂論〉	十至十五	論述樂與禮之區別及其社會功能。
〈樂禮〉	十六至十九	論述禮樂與天、地、人之間的關係。
〈樂施〉	二十至二十二	論述樂與人的德行、事功，並論樂與教育的意義，及禮樂的教化風俗的作用。
〈樂言〉	二十三至二十五	論述樂對人的情性的影響、先王制禮的根據以及社會治亂與樂的關係。
〈樂象〉	二十六至三十	論述樂對人的思想情緒的影響，並樂教對社會的意義。
〈樂情〉	三十一至三十二	論述樂與情的關係、禮與樂的區別，及其不同的社會作用。
〈魏文侯〉	三十三至三十五	論述古樂與鄭、衞之音，及德音和溺音的分別。
〈賓牟賈〉	三十六至三十七	藉賓牟賈與孔子的答問，論《武》舞的結構、內容和意義。
〈樂化〉	三十八至四十	論述禮樂教化對人內心修養和人倫教化的作用，並記述先王制定《雅》、《頌》之樂的意義。
〈師乙〉	四十一至四十二	論述歌舞是心中喜悅之情的自然流露。

上表見丁鼎：《禮記解讀》（北京：人民大學出版社，2010），頁467。

上表所記，是現存《禮記》中〈樂記〉的版本，但學界普遍認為〈樂記〉曾出現過多種文本，如劉向《別錄》所輯的二十三篇本；又據《漢志》載，漢武帝時，河間獻王劉德與毛生等人「共采《周官》及諸子中言樂事者，以作〈樂記〉。」為二十四卷本。可惜，上述的〈樂記〉傳本，今已亡佚不可考。

至於〈樂記〉的作者是誰，歷來眾說不一，或言是孔子的弟子子夏；或言是孔子的再傳弟子公孫尼子；或言是漢武帝時公孫尼；又謂是河間獻王劉德及他的儒臣毛生。對於以上眾說，學界之意見不一。但據郭店楚簡和其他戰國簡帛的出土和研究所示，〈樂記〉的成書當不會晚於公元前四世紀。

如前所述，〈樂記〉是儒家的「樂」論專著。然而，時至今日，有人從音樂藝術的角度、從美學的角度、從心理治療學的角度來闡釋〈樂記〉的現代意義。若然我們把〈樂記〉重置於《禮記》文本的脈絡之中，便會發現儒家如何處理個體之「情」和群體之「理」的問題。在現代社會，「己」和「群」的關係若即若離，「個人」與「社會」之間充滿着種種矛盾。當然，〈樂記〉不可能是救世良方，但若我們用心細味，可能會從宮、商、角、徵、羽之外，得到一些意想不到的「啟示」。

凡音之起[1]，由人心生也。人心之動，物使之然也。感於物而動，故形於聲。聲相應，故生變。變成方[2]，謂之音。比音而樂之，及干戚羽旄謂之樂[3]。

注釋

1 音：曲調。〈樂記〉中，「音」與「聲」、「樂」相對，鄭玄認為宮、商、角、徵、羽五音相雜調和謂之音，單出謂之聲。

2 方：聲按照一定方式、形式排列組合，即曲調。

3 干戚羽旄：跳舞時所持的四種舞具。干，盾。戚，斧形的器具。羽，雉羽。旄，旄牛尾。

譯文

「音」的緣起，是從人心所產生的。人心被觸動，是外界事物觸發的結果。有感於外界事物而心動，所以用「聲」表現出來。不同的聲彼此應和，所以產生變化。變化而成為一定的形式，就稱作「音」。排列這些「音」而且配上樂器演奏，並手持干、戚、羽、旄跳舞，就稱作「樂」。

樂者，音之所由生也，其本在人心之感於物也。是故其哀心感者，其聲噍以殺[1]；其樂心感者，其聲嘽以緩[2]；其喜心感者，其聲發以散[3]；其怒心感者，其聲粗以厲；其敬心感者，其聲直以廉；其愛心感者，其聲和以柔。六者，非性也，感於物而後動。是故先王慎所以感之者。故禮以道其志，樂以和其聲，政以一其行，刑以防其姦。禮樂刑政，其極一也，所以同民心而出治道也。

注釋

1 噍（粵：焦；普：jiāo）：急促。殺：衰微。

2 嘽（粵：淺；普：chǎn）：寬舒。

3 發：揚。

譯文

「樂」，是從「音」產生的，它的根源在於人心感應外界的事物。因此當哀傷的心有所感應時，發出的聲音是急促而悒鬱的；當歡樂的心有所感應時，發出的聲音是寬綽而舒緩的；當喜悅的心有所感應時，發出的聲音是開朗而自由的；當憤怒的心有所感應時，發出的聲音是粗暴而嚴厲的；當虔敬的心有所感應時，發出的聲音是剛直而廉正的；當愛慕的心有所感應時，發出的聲音是和美而溫柔的。這六種聲音，並非天性，而是受到外界事物感動才發生的。因此前代先王對於能感動人的事物十分慎重。所以用禮制來引導人民的心志，用音樂來和同人民的聲音，用政治來齊一人民的行止，用刑法來防止人民的奸邪。禮、樂、刑、政，它們的終極目標是一致的，都是用來統一人民思想而使社會安定、天下大治的。

凡音者，生人心者也[1]。情動於中，故形於聲。聲成文[2]，謂之音。是故治世之音安以樂，其政和。亂世之音怨以怒，其政乖[3]。亡國之音哀以思，其民困。聲音之道，與政通矣。

注釋

1 生人心者也：本篇第六節作「生於人心者也」。

2 文：指文采，「成文」與第一節「成方」意同，合成為一定的形式，即曲調。

3 乖：反常，不和諧。

譯文

「音」，是產生於人的內心的。感情在心中激宕，因此表現為聲。聲組合成一定形式的曲調，就稱作「音」。所以治世之音安詳而喜樂，表示政治和諧。亂世之音怨恨而憤怒，表示政治混亂。亡國之音悲哀而憂鬱，表示人民困苦。聲音的道理，是與政治相通的。

宮為君，商為臣，角為民，徵為事，羽為物[1]，五者不亂，則無怗懘之音矣[2]。宮亂則荒，其君驕；商亂則陂[3]，其官壞；角亂則憂，其民怨；徵亂則哀，其事勤；羽亂則危，其財匱。五者皆亂，迭相陵[4]，謂之慢，如此則國之滅亡無日矣。

注釋

1 宮、商、角、徵（粵：只；普：zhǐ）、羽：中國古代五聲音階中的五個音級相當於簡譜中的1、2、3、5、6，稱為「五音」或「五聲」。這裏的宮、商、角、徵、羽，不是指五個單音，而是曲調的調式。

2 怗懘（粵：貼砌；普：zhān chì）：敝敗不和。

3 陂（粵：庇；普：bì）：傾。

4 迭（粵：秩；普：dié）：互。

譯文

宮是君，商是臣，角是民，徵是事，羽是物。宮、商、角、徵、羽，五種調式都不混亂，就不會有不和諧的聲音了。宮調混亂，音調就散漫，象徵君主驕縱；商調混亂，音調就傾頹，象徵吏治腐敗；角調混亂，音調就憂鬱，象徵人民怨恨；徵調混亂，音調就哀傷，象徵役事勞苦；羽調混亂，音調就危殆，象徵財用匱乏。五種調式都發生混亂，彼此侵凌干犯，就叫做「慢」。如此，國家滅亡的日子也就不遠了。

鄭、衛之音[1]，亂世之音也，比於慢矣。桑間、濮上之音[2]，亡國之音也，其政散，其民流[3]，誣上行私而不可止也。

注釋

1 鄭、衞之音：指春秋時期鄭、衞兩地的音樂。

2 桑間、濮上之音：濮水之上有桑間，屬衞地。據《史記．樂書》，衞靈公訪問晉國，在濮水之上聽到一首樂曲，便命樂師師涓記下。到了晉國，師涓為晉平公獻奏，曲未奏完，晉平公樂師師曠即按住樂器，制止師涓繼續演奏。平公不知何故，師曠答說，那樂曲是殷紂王樂師師延為紂王作的靡靡之音，武王伐紂，師延投濮水自盡，那是亡國之音。《史記．樂書》正義、《韓非子．十過》也有類似記載，可參看。

3 流：放縱，不受約束。

譯文

鄭、衞兩地的音樂，是亂世之音，已接近於「慢」了。桑間、濮上的音樂，是亡國之音，它象徵着政教散亂，人民放縱，臣下犯上欺上、圖謀私利而無法遏止。

凡音者，生於人心者也；樂者，通倫理者也。是故知聲而不知音者，禽獸是也；知音而不知樂者，眾庶是也。唯君子為能知樂。是故審聲以知音[1]，審音以知

樂，審樂以知政，而治道備矣。是故不知聲者不可與言音，不知音者不可與言樂。知樂，則幾於禮矣[2]。禮樂皆得，謂之有德。德者，得也。是故樂之隆，非極音也；食饗之禮[3]，非致味也。《清廟》之瑟[4]，朱弦而疏越[5]，一倡而三歎，有遺音者矣。大饗之禮[6]，尚玄酒而俎腥魚[7]，大羹不和[8]，有遺味者矣。是故先王之制禮樂也，非以極口腹耳目之欲也，將以教民平好惡而反人道之正也[9]。

注釋

1 審：審察，研究。

2 幾：接近。

3 食（粵：寺；普：sì）饗之禮：食禮和饗禮，古代招待賓客及宗廟祭祀的禮儀，具體儀式儀節已不得而知。

4 《清廟》：《詩經．周頌》篇名。周人祭祀先祖文王時演奏的樂章。

5 朱弦：即「練朱弦」，指彈奏的琴弦是經過練製並染紅的。

6 大饗之禮：合祭先王的祭禮。

7 玄酒：指水，在祭禮中以水當酒。腥魚：生魚。

8 大羹：不調以鹽、菜的肉汁。

9 平好惡：據孔疏即「均平好惡」，節制、調節好惡之情。

譯文

「音」，產生於人的內心；「樂」，是可以通達人事倫理的。因此，禽獸只懂得「聲」而不懂得「音」；庶民大眾只懂得「音」而不懂得「樂」。唯有君子能夠懂得「樂」。因此，從審察「聲」而懂得「音」，從審察「音」而懂得「樂」，從審察「樂」而懂得政治，這樣，治理國家的道理就完備了。不懂何謂「聲」的人，就不能與他討論「音」；不懂何謂「音」的人，就不能與他討論「樂」。懂得了「樂」，就接近於懂得禮了。禮、樂都懂，都有心得，稱之為有德。德，就是有得於禮樂。所以，樂的規模盛大隆重，不是為了窮極地滿足對音樂的欣賞；舉行食饗之禮，不是為了窮極地滿足對美味的享受。伴奏《清廟》樂章的瑟，撥着紅色的弦，疏通琴底的調音孔，一人領唱，三人應和詠歎，形式簡樸但餘音嫋嫋。大饗之禮，將實為清水的玄酒放在上位，俎上擺置的是未經烹調的生魚，肉汁裏不用鹽、菜調和，食物簡單卻餘味無窮。所以，先王制禮作樂，並不是用以窮極口腹耳目等感官的慾望，而是用以教導人民節制慾望、平衡好惡，進而歸返人性的正道。

人生而靜[1]，天之性也；感於物而動，性之欲也。物至知知[2]，然後好惡形焉。好惡無節於內，知誘於外，不能反躬，天理滅矣[3]。夫物之感人無窮，而人之好惡無節，則是物至而人化物也[4]。人化物也者，滅天理而窮人欲者也。於是有悖逆詐偽之心，有淫泆作亂之事。是故，強者脅弱，眾者暴寡，知者詐愚，勇者苦怯，疾病不養，老幼孤獨不得其所，此大亂之道也。

注釋

1 靜：平靜，指人初生時沒有受外物的影響，還沒有情感、慾望的躁動。

2 知（粵：智；普：zhì）知：前「知」同「智」，指心智；後「知」為感知、知曉。

3 天理：上天之理，猶天性，指天所決定的人的本性，即天賦善性。

4 人化物：人化於物，即人天賦的善性受外物影響而異化。

譯文

人生之初是平靜的，沒有情慾的躁動，這是天賦的本性；感受到外物影響而心動，這是人的本性產生的慾求。外物來到，人性的「智」便不斷地感知它，然後內心就表現出好惡。如果好惡在內心無法制約，「智」又被外物誘惑，不能回到自身初生時平靜的本性，天理就泯滅了。外物對人的影響是無窮盡的，倘若人的內心好惡沒有節制，這樣，隨着外物的到來，人就漸漸被物化了。人被物化，就會泯滅天性而窮盡慾求。於是就有了悖亂叛逆、狡詐虛偽之心，有了驕縱淫逸、為非作亂之事。所以，強者脅迫弱者，多數欺侮少數，聰明人欺騙愚鈍者，膽大的凌辱膽小的，有病的人無法治病療養，老人、幼童、喪父的孤兒、喪子的獨身老人，都找不到安置之所，這是導致國家社會大亂之道。

賞析與點評

我們可能未必認同「人生而靜」，但卻不能否認當「人化物」，人性中的「善良」會漸漸泯滅。今天，物質與消費主義席捲全球，人類面臨的真正危機是「物化」後「自我」的迷失。

是故先王之制禮樂，人為之節。衰麻哭泣[1]，所以節喪紀也[2]；鐘鼓干戚，所以和安樂也；昏姻冠笄[3]，所以別男女也；射鄉食饗[4]，所以正交接也。禮節民心，樂和民聲，政以行之，刑以防之。禮樂刑政，四達而不悖，則王道備矣。

注釋

1 衰（粵：崔；普：cuī）麻：指喪服，用粗麻布製成。

2 喪紀：喪事。

3 昏姻：即「婚姻」。昏，同「婚」。冠笄：指男女的成年禮。古代男子二十而冠（加冠），行冠禮，取字，許婚；女子十五而笄（加笄），行笄禮，許嫁。笄，簪子。

4 射：大射禮。鄉：鄉飲酒禮，舉行射禮時飲酒為禮。

譯文

所以，先代君王制禮作樂，使人以此節制自己。如制定喪服與哭泣的禮儀，這是用來節制喪事的；制定鐘鼓干戚樂舞禮制，這是用來調和安樂的；制訂婚禮、冠禮、笄禮，這是用來區別男女的；制定射禮、鄉飲酒禮、食禮、饗禮，這是用來規範交際的。禮可以節制民心，樂可以和合民聲，政可以推行國政，刑可以防止奸邪。禮、樂、刑、政，通達於四方而不悖亂，這樣王道之治就完備了。

樂者為同，禮者為異。同則相親，異則相敬。樂勝則流[1]，禮勝則離[2]。合情

飾貌者[3]，禮樂之事也。禮義立[4]，則貴賤等矣；樂文同[5]，則上下和矣。好惡着，則賢不肖別矣。刑禁暴，爵舉賢，則政均矣。仁以愛之，義以正之，如此則民治行矣。

注釋

1 樂勝則流：樂的功能是使人和合親近，若用樂過度，則容易導致輕慢不敬。勝，過度。流，放任失敬，不講尊卑。

2 禮勝則離：禮的功能是使人分別遠近親疏，若用禮過度則使人疏離不和。

3 合情：調和內在的感情，這是樂的功能。飾貌：修飾外在的行為儀態，這是禮的功能。

4 義：儀。

5 樂文：指樂曲。

譯文

樂是為了和合情感，禮是為了區別差異。情感和合就能使彼此親近，區別差異就能令人互相尊敬。樂如果過度就會輕慢不敬，禮如果過度就會疏離失和。調和感情、修飾行為儀態，這是禮和樂的功能。禮儀確立，貴賤等級就分明了；樂曲和諧，上下關係就和睦了。喜好與厭惡明確，賢人與不肖，好人與壞人就分清了。用刑罰來禁止暴虐，用爵位來選拔賢能，政治就平和清明。以仁來愛護人民，以義來管教人民。這樣，就能把人民治理好了。

賞析與點評

「樂」重「情」，「禮」重「理」，前者功在調和內在情感，後者有助整理外在秩序。

樂由中出[1]，禮自外作。樂由中出，故靜；禮自外作，故文[2]。大樂必易，大禮必簡。樂至則無怨，禮至則不爭。揖讓而治天下者，禮樂之謂也。暴民不作，諸侯賓服，兵革不試，五刑不用，百姓無患，天子不怒，如此則樂達矣。合父子之親，明長幼之序，以敬四海之內，天子如此，則禮行矣。

注釋

1 中：內心。出：產生。

2 文：文飾、文采，指儀式、儀節。

譯文

樂是從內心產生的，禮是從外表反映的。樂從內心產生，所以就平靜；禮從外表反映，所以就顯現文采。大樂一定是平易的，大禮一定是簡單的。樂教施行了，就沒有怨恨；禮教施行了，就不會相爭。靠着謙讓就能治理天下的，說的就是禮樂了。不會有暴民暴亂，諸侯臣服於天子，武器軍備不動用，五刑不施行，百姓沒有憂患，天子不必惱怒，這樣，樂教的目的就達到了。使四海之內父子親情融合，長幼秩序分明，人人尊敬天子，這樣，禮的教化就推行了。

大樂與天地同和，大禮與天地同節。和故百物不失[1]，節故祀天祭地。明則有禮樂，幽則有鬼神[2]，如此則四海之內合敬同愛矣。禮者，殊事合敬者也；樂者，異文合愛者也。禮樂之情同[3]，故明王以相沿也，故事與時並[4]，名與功偕[5]。

注釋

1 不失：指不失其本性。

2 幽：幽冥世界，與人間相對。

3 禮樂之情同：指禮樂雖然殊事異文，但是其合敬同愛的內在精神卻是一致的。情，猶精神。

4 事與時並：行事須因應時宜，視時而起事。事，指禮。

5 名與功偕：樂名都與功業匹配。據說，聖王制樂，都依得天下之功而名樂曲，如堯作《大章》、舜作《大韶》、禹作《大夏》、湯作《大濩》、武王作《大武》等皆是。名，指樂。

譯文

大樂與天地一樣協和萬物，大禮與天地一樣節制萬物。因為能協和，所以萬物不失本性；因為有節奏，所以用以祭祀天地。人世間有禮樂教育教化，幽冥中有鬼神佑護扶持，這樣，四海之內就能使人民互相尊敬、互相親愛。禮，以不同的儀節使人彼此敬重；樂，以不同形式的樂曲使人親近相愛。禮與樂的精神作用是相同的，所以聖明的君王都重視禮樂，世代沿襲，因此，聖王所定的禮儀與所處的時代相符，所制的樂名與所建的功業相稱。

賞析與點評

「大樂」和「大禮」是「禮樂」的最高境界。所謂「大樂與天地同和，大禮與天地同節」，就是指人文世界與宇宙萬物的協調。

故鐘鼓管磬[1]，羽籥干戚[2]，樂之器也；屈伸俯仰，綴兆舒疾[3]，樂之文也。簠簋俎豆[4]，制度文章，禮之器也；升降上下，周還裼襲[5]，禮之文也。故知禮樂之情者能作，識禮樂之文者能述。作者之謂聖，述者之謂明。明聖者，述作之謂也。

注釋

1 管：吹管樂器的通稱。「鐘鼓管磬」與下列「羽籥干戚」都是「樂之器」，前者為演奏之樂器，後者為跳舞之舞具。

2 籥：編管樂器，也可作為舞具。《詩經・邶風・簡兮》：「左手執籥，右手秉翟。」

文舞執羽籥，武舞執干戚。

3 綴：舞隊的位置。兆：舞隊的活動界域。舒疾：指舞蹈節奏舒緩與急促。

4 簠簋（粵：斧鬼；普：fǔ guǐ）：都是盛放黍稷稻粱等飯食的器具。簠為長方形，簋則多為圓形。俎（粵：左；普：zǔ）：用以盛放牲體的食器。豆：盛放肉的食器。

5 周：環繞。還（粵：旋；普：xuán）：轉體。裼（粵：析；普：xī）襲：古代的禮服制度，裼指袒開外衣而露出部分裏衣，不裼則稱為襲；禮盛時以襲為敬，禮不盛時則以裼為敬。

譯文

所以，鐘鼓管磬，羽籥干戚，都是樂的表現器具；屈身、伸展、下俯、上仰，舞隊定位、舞蹈範圍、動作節奏舒緩急促，都是樂的表現形式。簠簋俎豆，衣食住行的儀節制度、圖案文飾，都是禮的表現器具；升階降階、上堂下堂，環繞轉身、袒露外衣掩住外衣，都是禮的表現形式。所以懂得禮樂精神和作用的人能夠制作禮樂，懂得禮樂表現形式的人能夠傳授禮樂。能制作禮樂的人稱為「聖」，能傳授禮樂的人稱為「明」。所謂「明聖」，就是傳授禮樂、制作禮樂的意思。

樂者，天地之和也。禮者，天地之序也。和，故百物皆化；序，故群物皆別。樂由天作，禮以地制。過制則亂，過作則暴。明於天地，然後能興禮樂也。

譯文

樂，象徵天地的和諧。禮，象徵天地的秩序。有和諧所以萬物化生，有秩序所以萬物有別。樂是按照天的道理而創作的，禮是按照地的道理而製作的。樂若過度，就會造成秩序紊亂，禮若過度，就會產生暴戾暴虐。明瞭天地運行的道理，然後才能制禮作樂。

賞析與點評

「和」重「同」，「序」重「別」，禮樂之興，是宇宙與人間秩序的和諧通達之體現。

論倫無患[1]，樂之情也；欣喜歡愛，樂之官也[2]。中正無邪，禮之質也；莊敬恭順，禮之制也。若夫禮樂之施於金石，越於聲音，用於宗廟社稷，事乎山川鬼神，則此所與民同也。

注釋

1 論倫無患：裴駰《史記集解》引王肅說：「言能合道，論中倫理，而無患也。」倫，倫理道德。

2 官：功能。

譯文

合乎倫理道德，對社會沒有危害，是樂的精神；欣喜歡愛，是樂的功能。中正平和而無邪惡，是禮的本質；待人接物莊敬恭順，是禮的作用。至於將禮樂借由金石樂器表現出來，通過聲音傳播出來，用於宗廟社稷的祭祀，用於山川鬼神的祭奠，這些則是天子與百姓相同的。

王者功成作樂，治定制禮。其功大者其樂備，其治辯者其禮具[1]。干戚之舞非備樂也，孰亨而祀非達禮也[2]。五帝殊時，不相沿樂；三王異世，不相襲禮。樂極則憂，禮粗則偏矣。及夫敦樂而無憂[3]，禮備而不偏者，其唯大聖乎。

注釋

1 辯：通「遍」。

2 孰：同「熟」。亨：同「烹」。

3 敦：厚，盛大。

譯文

君王大功告成後就制作樂，政治安定後就制定禮。王道功業偉大的，所制作的樂就完備；治國政績宏大的，所制定的禮就周全。拿着干戚跳跳舞不算完備的樂，烹熟食物祭祭神不是通達的禮。五帝時代不同，因此不互相沿襲樂制；三王時代不同，因此不互相沿襲禮制。樂，超過極限就會生發憂慮；禮，制作粗疏就會出現偏差。如果是能使樂盛大而又無憂慮，能使禮完備而無偏差，那只有大聖人才能做到吧！

天高地下，萬物散殊，而禮制行矣。流而不息，合同而化[1]，而樂興焉。春作夏長，仁也；秋斂冬藏，義也。仁近於樂，義近於禮。樂者敦和，率神而從天[2]；禮者別宜，居鬼而從地[3]。故聖人作樂以應天，制禮以配地。禮樂明備，天地官矣[4]。

注釋

1 合同而化：合同陰陽，化育萬物。

2 率：遵循，遵從。

3 居：遵循，遵從。

4 天地官矣：天地的職能得以發揮。官，職能。

譯文

天在上地在下，萬事萬物品類各異，為區別上下尊卑，因而制定了禮。天地之氣流動不止，合和陰陽，化育萬物，為表現調理變和，因而興起了樂。春天萌生夏天成長，體現了天地的仁；秋天收穫冬天儲藏，體現了天地的義。仁與樂相近，義與禮相近。樂能敦睦親和，就是要遵循神的旨意而順從天之道；禮能區別異同，就是要遵從鬼的旨意而順從地之道。所以聖人制禮作樂，以配天地運行之道。禮樂制度明白完備，天地的職能就夠發揮了。

天尊地卑，君臣定矣。卑高已陳[1]，貴賤位矣。動靜有常，小大殊矣[2]。方以類聚[3]，物以群分，則性命不同矣。在天成象，在地成形，如此，則禮者天地之別也。地氣上齊[4]，天氣下降，陰陽相摩，天地相蕩，鼓之以雷霆，奮之以風雨，動之以四時，煖之以日月[5]，而百化興焉。如此，則樂者天地之和也。

注釋

1 卑高：據鄭注，「卑」指澤，「高」指山，尊卑之位像山澤。這是借自然地勢高低，喻人之貴賤。

2 小大：泛指萬物。

3 方：鄭注說「方，謂行蟲也」，即走獸飛禽之類，亦泛指萬物。

4 齊（粵：擠；普：jī）：通「躋」，上升。

5 煖：同「暖」。這裏是照耀的意思。

譯文

天高而尊，地下而卑，君臣尊卑取法天地而定。山高澤低自然形成，身份貴賤取法自然而定。天地陰陽的動靜有一定規律，大小萬物的差異就顯現了。飛禽走獸，各以類聚；草木竹樹，各以群分，萬物天賦的稟性、生命是各不相同的。天空中日月星辰形成各種天象，大地上鳥獸草木生成各種形態，這樣，禮就是用以顯示天地萬物的差異和區別的。地氣上升，天氣下降，陰陽交接摩擦，天地互相激蕩，雷霆震響鼓動，風雨飛動振奮，四時運轉更迭，日月光明照耀，而萬物便就產生。這樣，樂就是用以顯示天地萬物的協調與變和的。

賞析與點評

在認識世界的過程中，我們習慣「方以類聚，物以群分」的思考方式。隨着時代進步，我們越來越精於「分」，人與人要「分」，人與物要「分」。「樂」所以可貴，是從悠揚、激蕩的音韻中體味到「和」，故古人說：「樂者天地之和」。

昔者，舜作五弦之琴以歌《南風》[1]，夔始制樂以賞諸侯[2]。故天子之為樂也，以賞諸侯之有德者也。德盛而教尊，五穀時孰[3]，然後賞之以樂。故其治民勞者，

其舞行綴遠[4]；其治民逸者，其舞行綴短。故觀其舞，知其德；聞其謚[5]，知其行也。

注釋

1 《南風》：古詩歌名。此詩亦見《孔子家語・辨樂解》、《尸子》。「南風之薰兮，可以解吾民之慍兮。南風之時兮，可以阜吾民之財兮。」

2 夔（粵：葵；普：kuí）：舜時樂官。

3 孰：同「熟」。

4 舞行綴遠：天子賞賜給諸侯的舞隊規模小，人數少，舞蹈場地上為確定舞者的位置所設標記就隔得遠。綴，為了令舞隊整齊，舞蹈場地在舞者的位置上所設標誌的間隔。標誌間隔遠，表示舞隊人數少，規模小；與後文「其治民逸者，其舞行綴短」正相反。

5 謚：謚號。人死後依其德行功過所定的稱號。

譯文

從前，舜製作五弦琴以歌唱《南風》，樂官夔才開始制樂，用來賞賜給諸侯。所以天子制樂，是為了賞賜給有德的諸侯。德行高尚而教化尊崇，五穀按時成熟豐收，那麼就把樂賞賜給諸侯。所以，諸侯治理人民而使人民勞苦的，天子賞賜給諸侯的舞隊規模小，人數少，舞蹈場地上為舞者的位置所設的標記就隔得遠；諸侯治理人民而使人民安逸的，天子賞賜給諸侯的舞隊規模大，人數多，舞蹈場地上為舞者的位置所設的標記就隔得近。所以觀看諸侯所展示的舞蹈，就可以知道他的德行；聽到諸侯死後的謚號，就知道他的行為。

《大章》[1]，章之也。《咸池》[2]，備矣。《韶》[3]，繼也。《夏》[4]，大也。殷周之樂[5]，盡矣[6]。

注釋

1《大章》：堯時樂名。章，彰明。

2《咸池》：黃帝時樂名。據鄭注，「咸」有皆、遍之意，「池」通「施」，此樂名是指黃帝之德無所不施。

3《韶》：舜時樂名。據鄭注：「韶，紹也。」舜紹承堯，所以樂名「韶」。

4《夏》：禹時樂名。夏，大也，禹能光大堯舜之德，所以樂名「夏」。

5 殷周之樂：殷樂指《大濩》，周樂指《大武》。

6 盡：指盡人事，是說殷周之樂表現文治武功達到了極致。

譯文

《大章》，彰顯堯的德治。《咸池》，表現黃帝之德遍施天下。《韶》，體現舜能繼承堯志。《夏》，反映禹能光大堯舜之德。殷、周的樂，充分反映了當時的文治武功的盛況。

夫豢豕為酒[1]，非以為禍也，而獄訟益繁，則酒之流生禍也[2]。是故先王因為酒禮。一獻之禮[3]，賓主百拜[4]，終日飲酒而不得醉焉，此先王之所以備酒禍也。故酒食者所以合歡也，樂者所以象德也，禮者所以綴淫也[5]。是故先王有大事，必有禮以哀之；有大福，必有禮以樂之。哀樂之分[6]，皆以禮終。樂也者，聖人之所樂也，而可以善民心。其感人深，其移風易俗[7]，故先王著其教焉。

注釋

1 豢（粵：患；普：huàn）：養。

2 流：放縱無度。

3 一獻之禮：士的飲酒之禮，包含獻、酢、酬三個基本儀節，獻指主人向客人進酒，酢指客人以酒回敬主人，酬指主人再斟酒勸敬客人。

4 百拜：泛指賓主彼此跪拜多次。

5 綴：通「輟」，止也。

6 分：分寸，程度。

7 移風易俗：王引之説，「移風易俗」一句應從《漢書・禮樂志》作「故其移風易俗易」，其説可從。

譯文

養豬釀酒本為宴饗祭祀，不是為了製造禍患，而訴訟官司日益頻繁，就是因為飲酒放縱無度而造成的禍患。因此，先王制定飲酒禮。飲酒行一獻之禮，賓主之間須進行種種拜禮，所以喝上一整天也不會醉倒，這是先王用來預防喝酒釀禍的方法。所以，酒食是用來聚會同歡的，樂是用來表現德行的，禮是用來防止淫逸的。因此，先王遇死喪大事，一定用相應的禮來表示哀傷之情；遇吉慶大事，一定用相應的禮來表示喜樂之心。哀傷與喜樂的程度，最終都是合乎禮的規範。樂，是聖人所喜愛的，它可以使民心向善，它可以感人至深，它容易移風易俗，改變民情民俗，所以先王特別強調樂教。

夫民有血氣心知之性，而無哀樂喜怒之常，應感起物而動，然後心術形焉[1]。是故志微、噍殺之音作[2]，而民思憂。嘽諧、慢易、繁文、簡節之音作[3]，而民康樂。粗厲、猛起、奮末、廣賁之音作[4]，而民剛毅。廉直、勁正、莊誠之音作，而民肅敬。寬裕、肉好、順成、和動之音作[5]，而民慈愛。流辟、邪散、狄成、滌濫之音作[6]，而民淫亂。

注釋

1 心術：心志，思想感情。

2 志微：細微。噍：急促。殺：衰微。

3 嘽諧：寬舒和諧。慢易：平緩。繁文：曲調曲折多變。簡節：節奏徐緩。

4 奮末：奮發，奮動。廣賁：昂揚。賁，通「憤」。

5 肉好：圓潤。

6 狄成：指音樂疾速。滌濫：指音樂如水之氾濫，往而不返。

譯文

人生來就有血氣、有感知外物的天性，而哀樂喜怒的情思卻不是恆常不變的，都是對外物有所感應而產生激動，然後才有哀樂喜怒之情的表現。所以，細微、急促的音樂產生，人們就會感到憂鬱。寬舒、平和、調子曲折而徐緩的音樂產生，人們就會感到康樂。激烈、威猛、奮發、昂揚的音樂產生，人們就會變得剛毅。廉正、厚重、端莊、誠懇的音樂產生，人們就會肅然起敬。寬和、圓潤、流暢、和順的音樂產生，人們就會變得慈愛。邪僻、怪誕、疾速無度、放縱散漫的音樂產生，人們就會變得淫亂。

是故，先王本之情性，稽之度數[1]，制之禮義，合生氣之和[2]，道五常之行[3]，使之陽而不散，陰而不密，剛氣不怒，柔氣不懾[4]。四暢交於中而發作於外[5]，皆安其位而不相奪也。然後立之學等，廣其節奏，省其文采，以繩德厚。律小大之稱[6]，比終始之序[7]，以象事行，使親疏、貴賤、長幼、男女之理皆形見於樂[8]，故曰：「樂觀其深矣。」

注釋

1 稽：考核。度數：音律的度數。

2 生氣：天地所生的陰陽之氣。

3 道（粵：導；普：dǎo）：引導。五常：金、木、水、火、土五行。

4 懾：畏懼。

5 四暢：陰、陽、剛、柔四氣暢通。

6 律：規範。小大：指音律高低。稱：使之適合，使之合宜。

7 比：按一定規律排列組合。

8 形見（粵：現；普：xiàn）：表現。

譯文

因此，先王制樂根據人天生的情思心性，審核音律的度數，制定禮儀制度，融合陰陽二氣化生萬物的和諧，遵循五行相生相代的運行規律，使陽氣不流散，陰氣不密閉，剛氣不暴怒，柔氣不畏懼。陰、陽、剛、柔四種氣質在內部交合通暢，在外部抒發表現；四種氣質各得其所而不互相干擾侵奪。然後，訂立學習的進度等級，逐步增加學習樂的節奏，審察樂章文采，用以考量德行之深厚。規範音律高低合度，排列音樂前後順次，用以象徵人事等級倫理的關係，使親疏、貴賤、長幼、男女的區別，都經由樂表現出來。所以說：「通過樂可以深刻地觀察社會！」

凡姦聲感人而逆氣應之，逆氣成象而淫樂興焉。正聲感人而順氣應之，順氣成象而和樂興焉[1]。倡和有應[2]，回邪曲直各歸其分，而萬物之理各以類相動也。是故君子反情以和其志[3]，比類以成其行。姦聲亂色不留聰明[4]，淫樂慝禮不接心術，惰慢邪辟之氣不設於身體，使耳、目、鼻、口、心知、百體皆由順正，以行其義[5]。

注釋

1 和樂（粵：岳；普：yuè）：和諧的音樂，與上文「淫樂」相對。

2 倡：唱。和（粵：禍；普：hè）：應答。

3 反情：返回人的天性，恢復天賦的善性。

4 聰明：指耳與眼。

5 義：宜。

譯文

凡是奸邪的聲音感染人，人們的內心就產生邪逆之氣來應和；內心的邪逆之氣顯現出來的時候，放蕩淫亂的音樂就產生了。中正的聲音感染人，人們的內心就產生和順之氣來應和；內心的和順之氣顯現出來的時候，和諧中正的音樂就產生了。唱與和彼此回應對答，迴曲正直各自回歸本分，而世上萬事萬物的道理，也一樣是同類互相感動應答。因此君子回歸天性以和諧心志，比照善類用以成就自身的德行。奸邪之聲、迷亂之色不在耳朵、眼睛駐留；淫亂之樂、邪惡之禮不與心志相接，怠惰輕慢邪戾之氣不讓身體沾染，讓耳朵、眼睛、鼻子、嘴巴、心智以及身體的各部分都能循着和順中正之氣而得到正常的發展。

然後發以聲音，而文以琴瑟，動以干戚，飾以羽旄，從以簫管。奮至德之光，動四氣之和，以著萬物之理。是故清明象天，廣大象地，終始象四時，周還象風雨[1]。五色成文而不亂[2]，八風從律而不姦[3]，百度得數而有常[4]，小大相成，終始相生。倡和清濁，迭相為經。故樂行而倫清，耳目聰明，血氣和平，移風易俗，天下皆寧。故曰：「樂者，樂也。」君子樂得其道，小人樂得其欲。以道制欲，則樂而不亂；以欲忘道，則惑而不樂。是故君子反情以和其志，廣樂以成其教。樂行，而民鄉方[5]，可以觀德矣。

注釋

1 還（粵：旋；普：xuán）：旋。

2 五色：青、赤、白、黑、黃，古人以五色、五音與五行相配，所以這裏指宮、商、角、徵、羽五音與金、木、水、火、土五色。

3 八風：東、南、西、北、東北、東南、西南、西北八方之風。這裏指八音，即金、石、絲、竹、匏、土、革、木八類樂器。

4 百度得數而有常：指音樂節奏像晝夜計時百刻那樣有一定之規。百度，即百刻，古代計時分一晝夜為一百刻。

5 鄉：通「向」。方：道。

譯文

然後，用聲音表達出來，用琴瑟來演奏，用干戚來舞蹈，用羽旄來裝飾，用簫管來伴奏。發揚最高之德的光輝，感應四時之氣的和諧，彰顯天地萬物的道理。所以，音樂像天一樣清明，像地一樣廣大，樂章終始有時像四季一樣，樂舞周旋往來像風雨。五音構成音樂，像五色一樣不紊亂；八種樂器和諧成律，像八風一樣不侵奪；音樂的節奏變化，像晝夜百刻一樣有規律。音律的高低相輔相成，樂曲首末承轉呼應。唱和、清濁，相互交錯，彼此揉和。所以，音樂推行了，人事倫理便會清明，人也會變得耳聰目明，血氣平和，移風易俗，天下安寧。所以說：「音樂，就是快樂。」君子樂在得到仁義之道，小人樂在滿足慾望。用仁義之道來節制慾望，就能快樂而不迷亂；由於慾望而忘卻仁義之道，就會迷亂而不快樂。所以，君子回歸天賦的本性以和諧心志，推廣正樂以成就教化。音樂推行了，人民就向着正道前行，這樣正可以觀察君子德行的高尚了。

德者，性之端也；樂者，德之華也。金石絲竹，樂之器也。詩，言其志也；歌，詠其聲也；舞，動其容也。三者本於心，然後樂器從之。是故情深而文明[1]，氣盛而化神。和順積中而英華發外，唯樂不可以為偽。

注釋

1 文：文采。

譯文

道德，是天性的根端；樂，是道德的花朵。金、石、絲、竹，是演奏樂的器具。詩篇可以表達樂的精神，歌詠可以傳達樂的聲音，舞蹈可以展現樂的儀容。心志、心聲、儀容三者都是發自內心，然後以樂器配合演奏。所以樂的情意深刻而形象顯明，氣勢旺盛而千變萬化。和諧順正的精神蓄積於心中，然後音樂的精彩才能展露出來，唯有樂是不可以作偽的。

樂者，心之動也。聲者，樂之象也。文采節奏[1]，聲之飾也。君子動其本，樂

其象，然後治其飾。是故先鼓以警戒[2]，三步以見方，再始以著往[3]，復亂以飭歸[4]。奮疾而不拔，極幽而不隱。獨樂其志，不厭其道；備舉其道，不私其欲。是故情見而義立，樂終而德尊。君子以好善，小人以聽過。故曰：「生民之道，樂為大焉。」

注釋

1 文采：據鄭注，「文采，樂之威儀也」，指音樂的規模架構。
2 先鼓以警戒：此句至「極幽而不隱」是以周樂《大武》為例。
3 再：第二段舞蹈。始：起始。據舊注，這是表現武王兩次出征伐紂。
4 亂：樂舞之終。飭（粵：斥；普：chì）歸：整飭舞隊，表現武王凱旋歸來。

譯文

樂，是內心感動的反映。聲，是樂的表現手法。文采節奏，是聲的加工修飾。君子天賦的本性受到感動，便以樂來展現，然後加工修飾文采節奏。所以，演出《大武》時要先擊鼓以表示警戒，舞蹈開始時先舉足踩腳三回，以表示舞隊行進的方向；第二段舞蹈開始時，也一樣要先舉足踩腳三回，以表示舞隊前往的方向，表現武王伐紂兩次進兵；到舞蹈終結時，再整飭舞隊表現武王凱旋。舞蹈動作迅疾而不紊亂，音樂意味深長而不隱晦。《大武》樂舞表現了武王實現滅商之志的欣喜，又不違背仁義之道；它充分地稱揚仁義之道，不縱容個人的私慾。所以，《大武》樂舞表達了情感而又確立了義理；樂舞終了，而它所宣導的德行受到尊重。君子因此更加樂於行善，小人因此發現自己的過錯。所以說：「教育民眾的方法，樂是最重要的了。」

樂也者，施也；禮也者，報也。樂，樂其所自生，而禮反其所自始。樂章德，禮報情反始也。

譯文

樂，是施予；禮，是報答。樂，是生自內心的歡樂，而禮是追念起始的先祖。樂是彰顯德行，禮則是報答恩情，追念本始。

賞析與點評

霍布斯（Thomas Hobbes，1588－1679）深信自己體察人的本性，認為人都是自私自利，趨利避害的。他又認為人常受到內心無止境的慾望所驅使，世間的一切爭鬥也由此而起。儒家論「樂」，認為從純淨（「靜」）的生命本色體認人性，主張「反其情」可以「和其志」，「反躬」可以「存天理」（天性）。人感物而動，是不可避免的，若可以持守一「反」字，如此則能避免「物化」之害。

祭法

本篇導讀——

《祭法》是《禮記》第二十三篇。一如鄭玄《禮記目錄》所言，〈祭法〉記載了上古至周朝祭祀天地、日月星辰、山川百物、四時，以至於祖宗的祭祀法度。篇目中之「法」就是「法度」之意。

《祭法》的篇幅不長，全篇只有八節。如篇目所示，本篇講的是祭祀，但重點不在於祭祀，而是在於政治。為什麼呢？如《祭法》所言：「大凡生於天地之間者皆曰命，其萬物死皆曰折，人死曰鬼」不論是萬物也好，還是人也好，均逃不過生命終結的命運。既然生死有時，存亡有期，那樣為什麼還要祭祀？

在〈祭法〉篇裏，我們發現：一、祭祀與政治之關係密不可分。如篇中第一至第三節，就從上古聖王切入，講述「禘」、「郊」、「祖」、「宗」的祭祀傳統；再到祭與不祭的標準——「有天下者，祭百神。諸侯，在其地則祭之，亡其地則不祭。」

又如第四至第七節，展示的正是封建制度、國家與社會祭祀規制的關係圖。二、祭祀的人文宗教意義。儒家人文色彩濃厚，着眼處並不是遙遠的天國，而是近在咫尺的人間。故本篇以「聖王之制祭祀」壓卷，說明「命」之祭與不祭的原則：在於其與民之有功與否。

在明白〈祭法〉的意義後，祭祀不再是枯燥乏味的事。

祭法：有虞氏禘黃帝而郊嚳[1]，祖顓頊而宗堯[2]。夏后氏亦禘黃帝而郊鯀，祖顓頊而宗禹。殷人禘嚳而郊冥，祖契而宗湯。周人禘嚳而郊稷，祖文王而宗武王。

注釋

1 禘：祭名。郊：祭名，郊某，指祭天時以某先祖配祭。嚳（粵：谷；普：kù）：傳說的上古帝王。本節寫在古帝先王之前的禘、郊、祖、宗四字都是祭名。

2 顓頊（粵：專郁；普：zhuān xū）：傳說的上古帝王。

譯文

上古時的祭祀方法：有虞氏以禘祭祭黃帝，在南郊祭天時以嚳配祭，以祖祭祭顓頊，而以宗祭祭堯。夏后氏也以禘祭祭黃帝，在南郊祭天時以鯀配祭，以祖祭祭顓頊，而以宗祭祭禹。殷人以禘祭祭嚳，在南郊祭天時以冥配祭，以祖祭祭契，而以宗祭祭湯。周人以禘祭祭嚳，在南郊祭天時以后稷配祭，以祖祭祭文王，而以宗祭祭武王。

燔柴於泰壇[1]，祭天也；瘞埋於泰折[2]，祭地也。用騂犢[3]。埋少牢於泰昭[4]，祭時也。相近於坎壇[5]，祭寒暑也。王宮[6]，祭日也；夜明，祭月也；幽宗，祭星也；雩宗，祭水旱也；四坎壇[7]，祭四方也。山林、川谷、丘陵，能出雲，為風雨，見怪物[8]，皆曰神。有天下者，祭百神。諸侯，在其地則祭之，亡其地則不祭。

注釋

1 燔柴於泰壇：古代祭天，在祭壇上堆積薪柴，將玉帛與犧牲放在柴上燔燒，使祭祀的心意通過氣味上達天神。燔柴，祭儀之一。泰壇，是為祭天而設的壇，在都城南郊。壇，堆土而成的高台。

2 **瘞**（粵：意；普：yì）**埋於泰折**：古時祭地，將繒帛犧牲埋於祭祀的地方，使祭祀的心意下通於地祇。瘞埋，是祭儀之一。瘞，埋也。泰折，為祭地而設的土台，在都城北郊。

3 **騂**（粵：星；普：xīng）**犢**：指赤色的小牛。騂，赤色馬。

4 **少牢**：以羊、豕為犧牲。埋少牢也是祭儀之一。泰昭：祭四時的壇名。

5 **相近**：鄭注認為是「禳祈」二字的聲誤，禳是禳卻災患之祭，祈是祈求福報之祭，寒於坎，暑於壇。

6 **王宮**：與下列「夜明」、「幽宗」、「雩宗」，都是祭壇之名。

7 **四坎壇**：祭四方東南西北各有一坎一壇，孔疏：「壇以祭山林丘陵，坎以祭川谷泉澤。」

8 **見**（粵：現；普：xiàn）：同「現」。

譯文

在泰壇上堆柴焚燒玉帛、犧牲，使氣味上達於天神，這是祭天；在泰折壇上掩埋繒帛、犧牲，以下通地祇，這是祭地。兩種祭祀都用赤色的小牛。在泰昭壇上掩埋羊、豕，這是祭四時。在坎穴、祭壇上進行禳祈儀式，這是祭寒暑。在王宮壇，是祭日神；在夜明壇，是祭月神；在幽宗壇，是祭星辰之神；在雩宗壇，是祭水旱之神；在四方各設一坎一壇，是祭四方之神。山林、川谷、丘陵能夠形成雲氣，能呼風喚雨，出現怪物，這都是神。統治天下的人，要祭祀天地之間的各種神祇。至於諸侯，就在他分封的領地祭祀那些神祇，失去了分封的領地就不再祭祀那些神祇。

大凡生於天地之間者皆曰命，其萬物死皆曰折，人死曰鬼，此五代之所不變也[1]。七代之所以更立者[2]，禘、郊、宗、祖，其餘不變也。

注釋

1 五代：據鄭注，指黃帝、堯、舜、禹、湯。

2 七代：五代及其之前的顓頊、帝嚳。

譯文

大體只要生於天地之間都叫作「命」，萬物死亡都叫作「折」，人死了叫作「鬼」，這些名稱是五代以來不曾改變的。七代以來所更動確立的，只有禘祭、郊祭、宗祭、祖祭四種祭祀的物件，其餘的都沒有改變。

天下有王，分地建國，置都立邑[1]，設廟、祧、壇、墠而祭之[2]，乃為親疏多少之數。是故王立七廟、一壇、一墠[3]。曰考廟，曰王考廟，曰皇考廟，曰顯考廟，曰祖考廟，皆月祭之。遠廟為祧，有二祧[4]，享嘗乃止[5]。去祧為壇[6]，去壇為墠[7]。壇、墠，有禱焉祭之，無禱乃止。去墠曰鬼。諸侯立五廟、一壇、一墠。曰考廟，曰王考廟，曰皇考廟，皆月祭之；顯考廟、祖考廟，享嘗乃止。去祖為壇，去壇為墠。壇、墠有禱焉祭之，無禱乃止。去墠為鬼。大夫立三廟、二壇。曰考廟，曰王考廟，曰皇考廟，享嘗乃止。顯考、祖考無廟，有禱焉，為壇祭之。去壇為鬼。適士二廟、一壇[8]。曰考廟，曰王考廟，享嘗乃止。顯考無廟，有禱焉，為壇祭之。去壇為鬼。官師一廟[9]，曰考廟。王考無廟而祭之。去王考為鬼。庶士庶人無廟[10]，死曰鬼。

注釋

1 **置都立邑**：封給卿大夫採地及賞賜有功之士土地。

2 **廟**：宗廟。祧（粵：挑；普：tiāo）：遠祖廟。壇：祭壇。墠（粵：善；普：shàn）：經掃除整潔可供祭祀的地面。

3 **七廟**：指下列「考廟」至「祖考廟」五廟，加上二祧廟，共七廟。

4 **二祧**：孫希旦《禮記集解》認為應指高祖之父、高祖之祖之廟。

5 **享嘗**：享祀與嘗祀。此處泛指四時祭祀。

6 **去祧為壇**：指從祧廟往上數一代的祖先，就設壇祭祀。

7 **去壇為墠**：承注 6，再往上數一代的祖先，就設祭祀。

8 **適士**：據鄭注，指上士。

9 **官師**：據鄭注，指中士、下士。

10 **庶士**：府史之屬。

譯文

天下有天子統治，天子分封土地建立諸侯國，又為卿大夫及有功之士建置都邑，設立廟、祧、壇、墠四種祭祀制度，依地位尊卑確定所祭先祖的親疏關係，以及廟數與祭祀的多少。所以，天子設有七廟、一壇、一墠。一是考廟即父廟，二是王考廟即祖父廟，三是皇考廟即曾祖父廟，四是顯考廟即高祖父廟，五是祖考廟即高祖父之父廟，五廟都按月祭祀。另外兩廟是遠祖廟，遠祖廟就是祧廟，祧廟有二，按四時祭祀即可。祧廟往上數一代的祖先就設壇祭祀，從設壇所祭的祖先再往上數一代就設墠祭祀。設壇、墠祭祀的祖先，如果有所祈禱才祭祀，沒有祈禱就不必祭祀。設祭祀的祖先再往上稱為鬼。諸侯設有五廟、一壇、一墠。一是考廟，二是王考廟，三是皇考廟，三廟都按月祭祀；另外兩廟——顯考廟、祖考廟，按四時祭祀即可。祖考廟往上數一代的祖先設壇祭祀，從設壇所祭的祖先再往上數一代就設墠祭祀。設壇、墠祭祀的祖先，如果有所祈禱才祭祀，沒有祈禱就不必祭祀。設祭祀的祖先再往上稱為鬼。大夫設有三廟、二壇。一是考廟，二是王考廟，三是皇考廟，按四時祭祀即可。顯考、祖考沒有廟，如果有祈禱，才設壇祭祀。顯考、祖考以上的祖先稱為鬼。上士設有二廟、一壇。一是考廟，二是王考廟，按四時祭祀即可。顯考沒有廟，如果有所祈禱，才設壇祭祀。顯考以上的祖先稱為鬼。中士、下士設有一廟，是考廟。王考沒有廟，可在考廟祭祀他。王考以上的祖先稱為鬼。庶士、庶人沒有廟，死後稱為鬼。

王為群姓立社[1]，曰大社。王自為立社，曰王社。諸侯為百姓立社，曰國社。諸侯自為立社，曰侯社。大夫以下，成群立社[2]，曰置社。

注釋

1 群姓：百官以下至人民。社：土地神。此處指祭祀土地神的地方。

2 成群立社：大夫以下不可獨自立社，大夫與民群居，滿一百家以上可共立一社。

譯文

天子為百官眾民立社，稱為大社。天子也為自己立社，稱為王社。諸侯為百姓立社，稱為國社。諸侯也為自己立社，稱為侯社。大夫以下包括士、庶人，聚居滿百家就可以立社，稱為置社。

王為群姓立七祀[1]，曰司命[2]，曰中霤[3]，曰國門[4]，曰國行[5]，曰泰厲[6]，曰戶，曰灶。王自為立七祀。諸侯為國立五祀，曰司命，曰中霤，曰國門，曰國行，曰公厲[7]。諸侯自為立五祀。大夫立三祀，曰族厲[8]，曰門，曰行。適士立二祀，曰門，曰行。庶士庶人，立一祀，或立戶，或立灶。

注釋

1 七祀：祭祀七種在人間司察小過並發出警告的小神。

2 司命：宮中小神。

3 中霤（粵：漏；普：liù）：掌管堂室的小神。

4 國門：掌管城門的小神。

5 國行（粵：航；普：háng）：掌管道路的小神。

6 泰厲：古代沒有後嗣的帝王，死後之鬼無所歸依，喜歡作祟，因此必須祭祀。

7 公厲：參注 6，特指諸侯之鬼。由於諸侯稱公，所以稱「公厲」。

8 族厲：參注 6，特指大夫之鬼。由於大夫眾多，死後之鬼也多，所以稱「族厲」。族，眾也。

譯文

天子為百官眾民設立祭祀七種神的典禮：一是司命之神，二是中霤之神，三是國門之神，四是國行之神，五是泰厲之神，六是戶神，七是灶神。天子也為自己設立祭祀七種神的典禮。諸侯為國民設立祭祀五種神的典禮：一是司命之神，二是中霤之神，三是國門之神，四是國行之神，五是公厲之神。諸侯也為自己設立祭祀五種神的典禮。大夫設立祭祀三種神的典禮，一是族厲，二是門神，三是行神。上士設立祭祀兩種神的典禮，一是門神，二是行神。庶士、庶人設立祭祀一種神的典禮，有的祭戶神，有的祭灶神。

王下祭殤五[1]：適子、適孫、適曾孫、適玄孫、適來孫[2]。諸侯下祭三，大夫下祭二，適士及庶人，祭子而止。

注釋

1 殤：未成年而死者。

2 適（粵：的；普：dí）：通「嫡」。下同。

譯文

天子下祭其五代未成年而死的嫡系子孫：有嫡子、嫡孫、嫡曾孫、嫡玄孫、嫡來孫。諸侯下祭三代：嫡子、嫡孫、嫡曾孫，大夫下祭兩代：嫡子、嫡孫，上士與庶人，只祭到嫡子一代而已。

夫聖王之制祭祀也：法施於民則祀之，以死勤事則祀之，以勞定國則祀之，能禦大菑則祀之，能捍大患則祀之。是故厲山氏之有天下也[1]，其子曰農，能殖百穀；夏之衰也，周棄繼之[2]，故祀以為稷[3]。共工氏之霸九州也[4]，其子曰后土，能平九州，故祀以為社。帝嚳能序星辰以著眾，堯能賞均刑法以義終，舜勤眾事而野死，鯀障洪水而殛死[5]，禹能修鯀之功，黃帝正名百物以明民共財，顓頊能修之，契為司徒而民成，冥勤其官而水死，湯以寬治民而除其虐，文王以文治，武王以武功去民之菑。此皆有功烈於民者也。及夫日月星辰，民所瞻仰也；山林、川谷、丘陵，民所取材用也。非此族也，不在祀典。

注釋

1 厲山氏：傳說中的古帝王炎帝，起於厲山，故名厲山氏，或烈山氏。
2 棄：周先祖后稷的名字。

3 稷：穀神。

4 共工氏：傳説中的古帝王，據孔疏，在大昊（伏犧氏）之後，炎帝之前。

5 鯀（粵：滾；普：gǔn）障洪水而殛（粵：激；普：jí）死：傳説鯀因治水不成，被流放到羽山而死。孔疏認為，鯀雖治水失敗，但仍對人民有微功，所以祭祀他。殛，流放。或説為誅殺。

譯文

聖王制定祭祀制度規定：能實行法制於人民的就祭祀他，因勤勞國事而死的就祭祀他，因建立功勞平定國家的就祭祀他，能抵禦重大災害的就祭祀他，能抗禦特大禍患的就祭祀他。所以，厲山氏統治天下時，他的兒子名農，能播種百穀；到夏朝衰微時，周族的棄繼承了農，因此就把棄與農當作稷神來祭祀。共工氏稱霸九州時，他的兒子名后土，能平治九州，因此就把后土當作社神來祭祀。帝嚳能觀測天空星辰運行的次序而頒佈於天下；堯能賞賜公平、依法行刑，並最終禪讓於舜；舜因勤於眾人之事而死於蒼梧之野；鯀圍堵洪水不成，遭到流放而死；禹能修正父親鯀的辦法而治服洪水；黃帝為百物確定了名稱並教導人民，與人民共用天下財利；顓頊能修訂黃帝之法；契擔任掌教化的司徒之官而使人民受到薰陶；冥擔任水官勤勞而死；湯用寬容之道治理人民而除去夏桀的暴政；文王以文韜治國；武王以武功為人民翦除商紂為虐之災。以上這些都是對人民有功勞的人，所以要祭祀他們。至於日月星辰，是人民所瞻仰的；山林、川谷、丘陵，是人民獲取財用的地方。這些與上述祭祀類別不同，所以不包括在此類祭祀中。

賞析與點評

人類文化的起始，均與宗教有關。儒家的人文宗教精神，發展了人的理性力量，藉此理解人與人的關係，並透視人自身在宇宙中的位置。若我們能深諳祭祀之義，便會了解「自我」的潛能和極限，並明白「自我」與萬物休戚相關的微妙關係。從此觀之，在不斷講求「發展」的今天，我們更需要「祭祀」的精神。

祭義

本篇導讀——

〈祭義〉是《禮記》的第二十四篇，其成篇年代約為戰國中期。全篇主要論述人如何通過祭祀去體現孝悌之道，並闡述祭祀儀式中「敬」的意義。本篇內容的要點如下：

一、闡述祭祀的意義。祭祀以敬為上，祭前齋戒以誠為主，祭祀之日，心中以思念親人的音容笑貌為主，先王孝敬親人亦以誠愛為主。

二、引用曾子和樂正子討論孝道的言論，討論了孝道的涵義、本質和社會意義。

三、論述悌道的由來、履行之法及其意義。

四、記述天子、諸侯訪老、敬老之禮，並引用〈樂記〉文字，說明禮樂對提高人品德修養、治理天下及大學實行養老禮的意義。[1]

1 丁鼎：《禮記解讀》（北京：中國人民大學出版社，2010），頁488。

本篇僅選〈祭義〉篇其中三節。第一節講「禮樂」的關係，箇中觀點與〈樂記〉的〈樂化〉略同，故錄之。本篇謂「樂」治心，主內，其功在「和」；「禮」治「身」，主外，其效在「順」。第二節和第三節均與「孝」有關。眾所周知，儒家重孝，讀畢此節，大家會明白「孝」並不僅是孝順父母的事，而是統攝一切行事為人的基點。而什麼才是「孝」的義？一言以蔽之曰：「敬」。

君子曰：「禮樂不可斯須去身[1]。」致樂以治心[2]，則易、直、子、諒之心油然生矣[3]。易、直、子、諒之心生則樂，樂則安，安則久，久則天，天則神。天則不言而信，神則不怒而威，致樂以治心者也。致禮以治躬則莊敬，莊敬則嚴威。心中斯須不和不樂，而鄙詐之心入之矣。外貌斯須不莊不敬，而慢易之心入之矣。故樂也者，動於內者也；禮也者，動於外者也。樂極和，禮極順，內和而外順，則民瞻其顏色而不與爭也，望其容貌而眾不生慢易焉。故德煇動乎內[4]，而民莫不承聽；理發乎外[5]，而眾莫不承順。故曰：「致禮樂之道，而天下塞焉[6]，舉而錯之無難矣[7]。」樂也者，動於內者也；禮也者，動於外者也。故禮主其減[8]，樂主其盈[9]。禮減而進，以進為文；樂盈而反，以反為文。禮減而不進則銷，樂盈而不反則放，故禮有報而樂有反。禮得其報則樂，樂得其反則安。禮之報，樂之反，其義一也[10]。

注釋

1 斯須：須臾，片刻。

2 致：深審，深入體會研究。

3 子：慈愛。諒：信。

4 德：鄭注：「顏色潤澤。」指通過樂教，使厚德潤澤內在。煇：同「輝」。

5 理：指合禮的應對進退。

6 塞（粵：sɐk^{7}；普：sè）：充滿。

7 錯：通「措」，安置。

8 減：簡約。禮的儀節若過度繁縟，則易生倦心，失去敬意，所以主「減」。

9 盈：充盈。樂的功能在於和同人心，應該充滿和順之情，所以主「盈」。

10 本節內容又見於《樂記》，文字基本相同。

譯文

君子說：「禮樂不可片刻離身。」深入體會用樂來修養心性，那麼，平易、正直、慈愛、誠信的心就自然而然產生了。產生了平易、正直、慈愛、誠信的心，就會感到喜樂，內心感到喜樂就能使心靈安定，心靈安定就能使生命長久，生命長久就能通達天理，通達天理就能出神入化。通達天理，不用說話就令人感到誠信可靠；出神入化，不須動怒就令人感到威嚴莊重，這就是深入體會用樂來修養心性啊！深入體會用禮來修養自身，就能顯得端莊尊貴，外在端莊尊貴就有威嚴。內心如有片刻不和諧、不喜樂的話，鄙陋狡詐之心就會乘機侵入。外貌如有片刻不端莊、不敬謹的話，怠慢輕易之心就會乘機侵入。所以，所謂樂，是作用於內心的；所謂禮，是作用於外表的。樂能達到內心和諧，禮能令外貌和順，內心和諧而外貌和順，那麼人民瞻望他的表情就不會跟他爭奪，瞻望他的容貌就不會產生怠慢輕易之心。所以，德性潤澤內在的修養，而人民沒有不聽從的；合禮的舉止表現在外，而人民沒有不順從的。所以說：「深入體會禮樂的道理，將禮樂之道運用於治理天下，天下就沒有什麼難事了。」所謂樂，是作用於內心的；所謂禮，是作用於外表的。所以，禮承擔退減的功能，樂承擔增盈的功能。禮承擔退減的功能而令人自勉精進，通過自勉精進表現善與美；樂承擔增盈的功能而令人歸返本性，通過歸返本性表現善與美。禮承擔退減的功能而不自勉精進就會銷蝕志意，樂承擔增盈的功能而不歸返本性就會放蕩荒淫。所以，禮講求往來報答，而樂講求返回本真，禮能做到往來報答就令人喜樂，樂能做到返回本真就令人心安理得。禮的往來報答，樂的返回本真，它們的意義是一致的。

賞析與點評

「禮」與「樂」是相輔相承的，前者忌形式化，後者重「返本」。我們常說「音樂」有淨化心靈的作用，似乎其理自古已存。

曾子曰：「孝有三，大孝尊親，其次弗辱，其下能養。」公明儀問於曾子曰[1]：「夫子可以為孝乎？」曾子曰：「是何言與！是何言與！君子之所謂孝者，先意承志，諭父母於道。參直養者也！安能為孝乎？」曾子曰：「身也者，父母之遺體也。行父母之遺體，敢不敬乎？居處不莊，非孝也；事君不忠，非孝也；涖官不敬[2]，非孝也；朋友不信，非孝也；戰陳無勇[3]，非孝也。五者不遂，烖及於親[4]，敢不敬乎？亨孰羶薌[5]，嘗而薦之，非孝也，養也。君子之所謂孝也者，國人稱願然，曰：『幸哉有子如此。』所謂孝也已。眾之本教曰孝，其行曰養。養可能也，敬為難；敬可能也，安為難；安可能也，卒為難。父母既沒，慎行其身，不遺父母惡名，可謂能終矣。仁者，仁此者也；禮者，履此者也；義者，宜此者也；信者，信此者也；強者，強此者也。樂自順此生，刑自反此作。」曾子曰：「夫孝，置之而塞乎天地，溥之而橫乎四海[6]，施諸後世而無朝夕，推而放諸東海而准[7]，推而放諸西海而准，推而放諸南海而准，推而放諸北海而准。《詩》云[8]：『自西自東，自南自北，無思不服。』此之謂也。」曾子曰：「樹木以時伐焉，禽獸以時殺焉。夫子曰：『斷一樹，殺一獸，不以其時，非孝也。』孝有三：小孝用力，中孝用勞，大孝不匱。思慈愛忘勞，可謂用力矣。尊仁安義，可謂用勞矣。博施備物，可謂不匱矣。父母愛之，嘉而弗忘；父母惡之，懼而無怨。父母有過，諫而不逆；父母既沒，必求仁者之粟以祀之。此之謂禮終。」

注釋

1 公明儀：曾子弟子，春秋魯國人。

2 涖（粵：利；普：lì）官：居官。涖，同「蒞」，臨。

3 陳（粵：陣；普：zhèn）：同「陣」。

4 烖（粵：災；普：zāi）：通「災」。

5 亨（粵：烹；普：pēng）：同「烹」。孰：同「熟」。羶（粵：煎；普：shān）：鄭玄認為應是「馨」字之誤。薌（粵：香；普：xiāng）：通「香」。

6 溥（粵：敷；普：fū）：通「敷」，傳佈，流布。

7 放（粵：仿；普：fǎng）：至。准：準則。

8 《詩》云：以下四句出自《詩經・大雅・文王有聲》。

譯文

曾子說：「孝有三等：大孝是使父母受到他人的敬重，其次是不令父母蒙羞，最下等是只能養活父母。」公明儀問曾子說：「老師您可以稱得上孝吧？」曾子說：「這是什麼話呀！這是什麼話呀！君子所說的孝，是在父母未張嘴說話之前就預先體察他們的心意，按照他們的意志去做，並讓父母知曉事物的道理。曾參我只不過是能養活父母而已！怎麼能稱得上孝呢？」曾子說：「身體，是父母留給我們的。用父母給予的身體去行事，怎敢不敬慎呢？日常生活舉止不莊重，是不孝；事奉君主不忠心，是不孝；身居官位不恭謹，是不孝；與朋友交往不講信用，是不孝；臨陣作戰沒有勇氣，是不孝。這五件事做不到的話，災禍就會延及父母，怎敢不敬慎呢？烹熟食物，馨香芬芳，自己試嚐過，然後才進獻給父母享用，這不是孝，只是奉養而已。君子所謂的孝，是做到讓全國人都羨慕地稱讚說：『真幸運呀，有這樣的兒子！』這才是孝呀！教化眾人的根本是孝，孝行就是奉養父母。平常的奉養還是可能做到的，一直保持敬慎之心去奉養就難了；以敬慎之心去奉養父母還是可能做到的，要讓父母感到安適而快樂就難了；讓父母感到安適而快樂還是可能做到的，要一直做到父母去世就難了。父母去世後，能謹慎行事，不讓壞名聲玷污了父母，這就稱得上是終生行孝了。所謂仁，就是以孝行仁；所謂禮，就是以孝踐履禮；所謂義，就是以孝做合宜的行為；所謂信，就是以孝為誠信；所謂強，就是以孝為強盛。喜樂由於順應孝道而生，刑罰由於違反孝道而成。」曾子說：「孝，樹立它而充塞於天地之間，傳播它而橫溢四海之內，施行於後世而沒有一朝一夕片刻的停止，推行至東海而成為準則，推行到西海而成為準則，推行至南海而成為準則，推行至北海而成為準則。《詩經．大雅．文王有聲》說：『從西從東，從南從北，沒有不服從的。』說的就是這個意思。」曾子說：「樹木要在適當的時節砍伐，禽獸要在適當的時節獵殺。孔子說：『砍斷一株樹，獵殺一頭獸，若不在適當的時節，就是不孝。』孝有三等：小孝用體力，中孝用功勞，大孝不匱乏。想着父母的慈愛，努力耕作而忘記了勞累，可稱為用體力的孝。能尊重仁德、安行道義，可稱為用功勞的孝。在天下廣施德教，國家繁榮而物品齊備，父母去世後天下都來助祭，可稱為不匱乏之孝。父母疼愛自己，就喜樂而不敢忘懷；父母厭惡自己，就戒懼而沒有怨恨。父母有過錯，委婉勸諫而不違逆；父母去世後，再貧困也不能用不義之財侍奉亡親，一定要用從仁者那裏獲得的粟米來祭祀父母。這就是所謂依禮行孝，善始善終。」

賞析與點評

曾子說：「孝有三，大孝尊親，其次弗辱，其下能養。」所謂「大孝」，就是對父母的「尊重」，而「尊重」說到底便是對父母的「顧念」。懂得「顧念」，才是「大孝」之義。

樂正子春下堂而傷其足[1]，數月不出，猶有憂色。門弟子曰：「夫子之足瘳矣[2]，數月不出，猶有憂色，何也？」樂正子春曰：「善如爾之問也！善如爾之問也！吾聞諸曾子，曾子聞諸夫子曰：『天之所生，地之所養，無人為大。父母全

而生之，子全而歸之，可謂孝矣。不虧其體，不辱其身，可謂全矣。故君子頃步而弗敢忘孝也[3]。』今予忘孝之道，予是以有憂色也。一舉足而不敢忘父母，一出言而不敢忘父母。一舉足而不敢忘父母，是故道而不徑，舟而不游，不敢以先父母之遺體行殆。一出言而不敢忘父母，是故惡言不出於口，忿言不反於身，不辱其身，不羞其親，可謂孝矣。」

注釋

1 樂正子春：曾子弟子，春秋魯國人。
2 瘳（粵：抽；普：chōu）：痊癒。
3 頃（粵：kwɐi²；普：kuǐ）步：半步。頃，通「跬」，古人邁步行走，邁出一腳為跬，再交替邁出一腳為一步，所以跬為半步。

譯文

樂正子春下堂時傷了腳，幾個月不出門，臉上還有憂慮的神色。他的學生說：「老師您的腳傷已經痊癒了，幾個月養傷不出門，臉上還有憂慮的神色，這是為什麼？」樂正子春說：「你問得真好呀！你問得真好呀！我聽我的老師曾子說，我的老師曾子聽孔子說：『上天所生的，大地所養的，沒有比人還大的了。父母完完整整地生下兒子的身體，兒子死後也要完完整整地歸還父母，這就可以稱得上是孝了。不虧損自己的身體，不使自己蒙受惡名，這就可以稱為完完整整歸還父母了。所以君子半步也不敢忘記孝道。』現在我忘記了孝的道理，我因此有憂慮的神色。每邁出一步都不敢忘記父母，每說一句話都不敢忘記父母。由於每邁出一步都不敢忘記父母，所以走路時要走大道而不抄小路，過河時要乘坐舟船而不敢游水，這都是因為不敢用父母留給我們的身體去冒險。由於每說一句話都不敢忘記父母，所以壞話不出於自己的口中，怨恨的話也就不會反過來報復自己，不使自身受辱，不使父母蒙羞，就可以稱得上孝了。」

經解

本篇導讀——

〈經解〉是《禮記》第二十六篇，可能是戰國中期的作品。鄭玄在《禮記目錄》說：「名曰『經解』者，以其記六藝政教之得失也，此於《別錄》屬通論。」這裏所提的「六藝」即是《詩》、《書》、《禮》、《樂》、《易》、《春秋》等六種儒家經典。雖然，鄭玄謂本篇「記六藝政教之得失」，但只有篇首是通論儒家六經的作用，而餘下的部分或講天子之德——和、信、仁、義與治理天下的關係；或舉國家（朝覲、聘問禮）、社會（鄉飲酒禮）與個人（喪禮、婚禮）之禮儀，以說明禮的教化作用——「故禮之教化也微，其止邪也於未形，使人日徙善遠罪而不自知也」，同時也帶出「君子慎始」的道理。

孔子曰：「入其國，其教可知也。其為人也，溫柔敦厚，《詩》教也；疏通知遠，《書》教也；廣博易良，《樂》教也；絜靜精微[1]，《易》教也；恭儉莊敬，《禮》教也；屬辭比事[2]，《春秋》教也。故《詩》之失[3]，愚；《書》之失，誣；《樂》之失，奢；《易》之失，賊；《禮》之失，煩；《春秋》之失，亂。其為人也，溫柔敦厚而不愚，則深於《詩》者也；疏通知遠而不誣，則深於《書》者也；廣博易良而不奢，則深於《樂》者也；絜靜精微而不賊，則深於《易》者也；恭儉莊敬而不煩，則深於《禮》者也；屬辭比事而不亂，則深於《春秋》者也。」

注釋

1 絜靜精微：據孔疏，《易》對於人的啟發，得正則獲吉，得邪則獲凶，可以戒慎己身不為淫濫之事，所以是絜靜；而《易》的內涵能窮理盡性、明察秋毫，所以是精微。

2 屬（粵：捉；普：zhǔ）：連綴。比（粵：彼；普：bǐ）：排比。

3 失：指過度強調而不能節制平衡各種教化功能，便會有所缺失。

譯文

孔子說：「進入一個國家，觀察民情風俗就可以知道國家的教化如何。一國人民的為人表現，如果是神情溫柔、品性敦厚，那就是《詩》教的作用；如果是政見通達、洞悉史實，那就是《書》教的作用；如果是聞見廣博、情性和順，那就是《樂》教的作用；如果是神清心靜、精深微妙，那就是《易》教的作用；如果是恭敬勤儉、莊重謹慎，那就是《禮》教的作用；如果是連綴文辭、排比史事，那就是《春秋》教的作用。所以，《詩》教若過度強調神情溫柔、品性敦厚，會造成愚戇不智的失誤；《書》教若過度強調政見通達、洞悉史實，會造成偏信誣妄的失誤；《樂》教若過度強調聞見廣博、情性和順，會造成奢侈揮霍的失誤；《易》教若過度強調神清心靜、精深微妙，會造成戕害正理的失誤；《禮》教若過度強調恭敬勤儉、莊重謹慎，會造成繁縟瑣碎的失誤；《春秋》之教若過度強調連綴文辭、排比史事，會造成妄議生亂的失誤。一國國民的為人表現，如果能神情溫柔、品性敦厚而不愚戇不智，那便是深通《詩》教的成果；如果能政見通達、洞悉史實而不偏信誣妄，那便是深通《書》教的成果；如果能聞見廣博、情性和順而不奢侈揮霍，那便是深通《樂》教的成果；如果神清心靜、精深微妙而不戕害正理，那便是深通《易》教的成果；如果能恭敬勤儉、莊重謹慎而不繁縟瑣碎，那便是深通《禮》教的成果；如果能連綴文辭、排比史事而不妄議生亂，那便是深通《春秋》之教的成果。」

賞析與點評

經典的價值之所以恆久，是因為它們在不斷被詮釋之時，文本與讀者經互動後生成「意義」。故經典之所貴，在於能透達讀者的心靈深處，結合時代之精神，從而讓亘古不變的價值不斷重生。由此而言，經典之價值不是單向的，而是與讀者互動而存在的。

天子者，與天地參，故德配天地，兼利萬物，與日月並明，明照四海而不遺微小。其在朝廷則道仁聖、禮義之序[1]，燕處則聽《雅》、《頌》之音[2]，行步則有環佩之聲，升車則有鸞和之音[3]。居處有禮[4]，進退有度，百官得其宜，萬事得其序。《詩》云[5]：「淑人君子，其儀不忒。其儀不忒，正是四國。」此之謂也。

注釋

1 道：引導。

2 燕處：退朝而居。

3 鸞和：鸞與和，都是馬車上的裝飾性車鈴，隨着馬跑車動而鳴響。

4 居處：指在朝廷上及退朝而居時。

5 《詩》云：以下四句引自《詩經・曹風・鳲鳩》。

譯文

天子，與天、地並列而為三，所以天子的德行與天地相配，恩澤普及萬物，光輝與日月齊明，光照四海而不遺漏任何微小之處。天子在朝廷就要用仁、聖、禮、義的道德規範來引導臣下；退朝而居時，就欣賞《雅》、《頌》音樂；走路時，佩戴的玉環、玉佩隨着腳步而發出聲音；登車上路時，馬車上鸞鈴、和鈴伴着車馬行進而鳴響。在朝廷或居所，都合乎禮儀；進退舉止，皆有法度，使百官各得其所，使萬物生長能井然有序。《詩經・曹風・鳲鳩》說：「那善良的君子，他的儀表美好無差錯。他的儀表美好無差錯，可以作為四國的表率。」說的就是這個意思。

賞析與點評

若說「居處有禮，進退有度」是一種「外在要求」，無寧說是一種「自我修煉」。無論是群居，還是獨處，若無形的「法度」常存己心，人自然可以「德配天地」。

發號出令而民說謂之和[1]，上下相親謂之仁，民不求所欲而得之謂之信，除去天地之害謂之義。義與信，和與仁，霸、王之器也。有治民之意而無其器，則不成。

注釋

1 說（粵：悅；普：yuè）：同「悅」。

譯文

發號施令而人民感到喜悅就稱為和，上下之間彼此相親相愛就稱為仁，人民不須提出要求就能滿足希望就稱為信，除去天地之間的災害就稱為義。義與信，和與仁，是霸者、王者統治天下的工具。有治理人民的意願卻沒有治理的工具，就不能成功。

禮之於正國也，猶衡之於輕重也，繩墨之於曲直也，規矩之於方圓也。故衡誠縣[1]，不可欺以輕重；繩墨誠陳，不可欺以曲直；規矩誠設，不可欺以方圓；君子審禮，不可誣以奸詐。是故，隆禮、由禮，謂之有方之士；不隆禮、不由禮，謂之無方之民。敬讓之道也。故以奉宗廟則敬，以入朝廷則貴賤有位，以處室家則父子親、兄弟和，以處鄉里則長幼有序。孔子曰：「安上治民，莫善於禮。」此之謂也。故朝覲之禮[2]，所以明君臣之義也。聘問之禮，所以使諸侯相尊敬也。喪祭之禮，所以明臣子之恩也。鄉飲酒之禮，所以明長幼之序也。昏姻之禮，所以明男女之別也。夫禮，禁亂之所由生，猶坊止水之所自來也[3]。故以舊坊為無所用而壞之者，必有水敗；以舊禮為無所用而去之者，必有亂患。故昏姻之禮廢，則夫婦之道苦，而淫辟之罪多矣。鄉飲酒之禮廢，則長幼之序失，而爭鬥之獄繁矣。喪祭之禮廢，則臣子之恩薄，而倍死忘生者眾矣[4]。聘覲之禮廢，則君臣之位失，諸侯之行惡，而倍畔侵陵之敗起矣。故禮之教化也微，其止邪也於未形，使人日徙善遠罪而不自知也，是以先王隆之也。《易》曰[5]：「君子慎始，差若豪氂[6]，繆以千里[7]。」此之謂也。

注釋

1 縣（粵：元；普：xuán）：同「懸」。
2 朝覲：臣子朝見天子。
3 坊：堤防。
4 倍：通「背」，背棄。
5 《易》：據孔疏，此《易・系辭》之文；今本《系辭傳》未見。
6 豪：通「毫」。氂：通「厘」。形容數量極小。
7 繆（粵：謬；普：miù）：錯誤。

譯文

禮對於統治國家的作用，就如同秤對於度量輕重，墨斗墨線對於測量曲直，圓規方尺對於畫方角圓圈那樣。所以，如果把秤掛上，度量輕重有了標準就不能任意欺騙人；墨斗線繩拉開，測量曲直有了標準就不能任意欺騙人；圓規方尺用起來，畫方畫圓有了標準就不能任意欺騙人；君子明辨於禮，就無法以奸詐來欺騙他。所以，重視禮、實踐禮，稱為有道的人；不重視禮、不實踐禮，稱為無道的人。這個道就是虔敬謙讓之道。所以，以禮來侍奉宗廟祖先就會顯得虔敬；讓禮進入朝廷，就能使百官各有其位，貴賤各得其所；以禮來管理家庭，就能使父子相親、兄弟和睦；以禮來治理鄉里，就能使長幼有序。孔子說：「使君主安心、治理百姓，沒有比禮更好的。」說的就是這個意思。朝覲之禮，是用來明確君臣關係的。聘問之禮，是用來使諸侯之間互相尊敬的。喪、祭之禮，是用來表明臣下、人子對君、對父的感恩之情的。鄉飲酒之禮，是用來明確長幼之序的。婚姻之禮，是用來表明男女有別的。禮，防止紛亂的發生，就如同大堤防止水患的發生。所以，如果認為舊的大堤沒有用處而加以破壞，就一定會導致水患；認為舊禮沒有用處而廢除它，就一定會發生危亂之患。因此，如果廢除婚姻之禮，那麼夫婦之道就會有障礙，而姦淫邪僻的罪行就會增加。如果廢除鄉飲酒之禮，就會使長幼之間失去秩序，而爭鬥的獄訟就會增多。如果廢除喪、祭之禮，那麼臣下、人子就會薄情寡義，而背叛死者、忘記君父的人就會增多。如果廢除聘問、朝覲之禮，那麼君臣上下的關係就遭到破壞，諸侯會行亂作惡，而背叛君王、侵凌他國的禍亂就會產生。所以，禮的教化作用是細微而隱蔽的，它在邪惡還沒形成或產生時就予以防止，讓人每天不知不覺中趨向善良、遠離罪惡，因此先王特別重視它。《易》說：「君子慎重對待事物的起始，一開始的差距僅僅只有一毫一厘，最後導致的錯誤就會有千里那麼大。」說的就是這個意思。

賞析與點評

若說「禁亂」是「禮」的功能，「慎始」就是「禮」着力的關節。常言道「防微杜漸」，不論做人也好，處事也好，於起點處謹慎，是不變的定律。

仲尼燕居

本篇導讀——

〈仲尼燕居〉是《禮記》第二十八篇。鄭玄在《禮記目錄》說：「名曰〈仲尼燕居〉者，善其不倦，燕居猶使三子待之，言及於禮。著其字，言事可法。退朝而處曰燕居。此於《別錄》屬通論。」

本篇是孔子與他的三位弟子子貢、子游、子張討論周禮之事的語錄，具體內容分別由子貢、子游、子張等弟子記錄於公元前四八三年至公元前四七九年之間的話，而成篇的時間可能是春秋戰國前期。[1]

《仲尼燕居》以孔子與子貢的答問為首，以「夫禮所以制中也」揭開了討論的序幕。「禮以

1 王鍔：《〈禮記〉成書考》（北京：中華書局，2007），頁31。

制中」是從禮的作用來講「禮」。隨着話題的展開，孔子説明「仁」是「禮」的內在核心價值。不論事生——行郊社、嘗禘、饋奠之禮，還是事死——行射鄉、食饗之禮，沒有一顆仁愛之心，一切也是枉然。所以，經過了不斷的正反論述之後，孔子要講的還是：「制度在禮，文為在禮，行之，其在人乎！」

讀《仲尼燕居》，我們可以明白「禮」是「治國之道」，是「治事之理」，是「制中」的關鍵。但最關節處，還是要體味「禮」之內核——「仁」之所在。

仲尼燕居，子張、子貢、言游侍，縱言至於禮。子曰：「居！女三人者，吾語女禮，使女以禮周流無不偏也。」子貢越席而對曰：「敢問何如？」子曰：「敬而不中禮，謂之野[1]；恭而不中禮，謂之給[2]；勇而不中禮，謂之逆[3]。」子曰：「給奪慈仁。」

注釋

1 野：鄙而無文之貌。

2 給：討好逢迎。

3 逆：悖戾。

譯文

孔子退朝後在家休息，弟子子張、子貢、子游陪待，漫談到禮。孔子說：「你們三人坐下，我告訴你們禮是什麼，好讓你們到處也能依禮而行，無所不遍。」子貢起坐離席回話說：「請問該怎樣做呢？」孔子說：「心存敬意而不合於禮就是鄙野，外貌恭順而不合於禮就是巴結，好逞勇武而不合於禮就是逆亂。」孔子說：「愛逢迎的人喪失了慈善仁愛的心。」

賞析與點評

從來孔子對滔滔不絕、善於逢迎的人都十分反感。在《論語》裏，孔子曾嚴詞厲色說：「巧言令色，鮮矣仁。」於此孔子又說：「給奪慈仁。」為什麼孔子如此討厭巧言令色的人呢？因為儒家的「禮」以「仁」為「體」，「仁」又以「誠」（誠意）為「用」。缺「誠」不能成「仁」，欠「仁」莫能言「禮」。巧言令色者，絕無誠意可言，故孔子恨之。

子曰：「師，爾過；而商也不及。子產猶眾人之母也，能食之不能教也[1]。」子貢越席而對曰：「敢問將何以為此中者也[2]？」子曰：「禮乎禮！夫禮所以制中也[3]。」

注釋

1 食：餵養。
2 中：適中。
3 制中：使人的行為適中。

譯文

孔子說：「師，你做事有點過頭，商，你又做得不夠。子產像大家的母親，能餵養人而不能教育人。」子貢離席而應聲說：「請問憑什麼才做到適中呢？」孔子說：「禮呀禮呀，禮就是用來使人的行為適中的。」

子貢退，言游進曰：「敢問禮也者，領惡而全好者與[1]？」子曰：「然。」「然則何如？」子曰：「郊社之義，所以仁鬼神也；嘗禘之禮，所以仁昭穆也；饋奠之禮[2]，所以仁死喪也；射鄉之禮，所以仁鄉黨也；食饗之禮，所以仁賓客也。」

子曰：「明乎郊社之義、嘗禘之禮，治國其如指諸掌而已乎！是故，以之居處有禮，故長幼辨也。以之閨門之內有禮，故三族和也。以之朝廷有禮，故官爵序也。以之田獵有禮[3]，故戎事閑也。以之軍旅有禮，故武功成也。是故，宮室得其度，量鼎得其象，味得其時[4]，樂得其節，車得其式，鬼神得其饗，喪紀得其哀，辨說得其黨[5]，官得其體，政事得其施；加於身而錯於前，凡眾之動得其宜。」

注釋

1 領惡：即治去其惡。領，治理。

2 饋奠之禮：以食品祭奠初死者之禮。

3 田獵有禮：古代的田獵是一種軍事訓練，讓參與者熟悉軍禮。

4 味得其時：古人以五味配四時，如春酸、夏苦等。

5 辨說得其黨：即在什麼位置說什麼話，如在官言官，在府言府。

譯文

子貢退下，言游進前説：「請問所謂禮，是治理惡劣習性，而保存良好的品行嗎？」孔子説：「是這樣。」言游問：「那麼該怎樣做呢？」孔子説：「祭祀天和社神的意義，是用以對鬼神表示仁愛；嘗祭和禘祭禮，在於對祖先表示仁愛；饋奠之禮，在於對死喪的人表示仁愛；鄉飲酒禮和鄉射禮，在於對鄉里表示仁愛；食禮和饗禮，在於賓客表示仁愛。」孔子説：「明白了祭祀天和社神的意義，明白了嘗祭、禘祭等禮，治國就像把手掌上的東西指給人看一樣容易了吧。因此把其中的道理用於日常生活而有禮，長幼關係就分辨清楚了；用於家門之內而有禮，父、子、孫三代人就和睦了；用於朝廷而有禮，官爵的尊卑位次就井然有序了；用於田獵而有禮，軍事就嫻熟了；用於軍隊而有禮，作戰就能取得勝利了。因此能使宮室的規模符合制度，量器和鼎的大小形狀符合式樣，滋味符合時令，音樂符合節奏，車輛符合規格，鬼神得享祭祀，喪事能得哀思，説話符合身份場合，官吏分工得當，政事得以施行。把禮施加於自身而在於面前，各種舉動都能恰到好處。」

賞析與點評

「禮」以「仁」為「體」。而「仁」，就是「善」，若行事為人皆能存「善」念，並使之全然發揮，心中的「惡」便可以不除自去。如此，一舉手，一投足，就不會純以一己之利為念；反之，行事之時，會顧及別人處境和感受。這樣，人之行事也就能「不制」自「中」了。

子曰：「禮者何也？即事之治也。君子有其事，必有其治。治國而無禮，譬猶瞽之無相與？倀倀其何之[1]？譬如終夜有求於幽室之中，非燭何見？若無禮則手足無所錯，耳目無所加，進退揖讓無所制。是故，以之居處，長幼失其別；閨門，三族失其和；朝廷、官爵失其序；田獵、戎事失其策；軍旅、武功失其制；宮室失其度；量鼎失其象；味失其時；樂失其節；車失其式；鬼神失其饗；喪紀失其哀；辯說失其黨；官失其體；政事失其施；加於身而錯於前，凡眾之動，失其宜。如此，則無以祖洽於眾也[2]。」

注釋

1 倀倀（粵：昌；普：chāng）：茫茫然看不見的樣子。

2 祖洽：指倡導和諧融洽。

譯文

孔子說：「禮是什麼？禮是做事的辦法。君子有君子要做的事，必定有做事的辦法。治理國家不依禮，譬如盲人沒有攙扶者，迷茫而不知走向何處；又譬如整夜在暗室中求索東西，沒有火把能看見什麼？如果沒有禮，手腳都不知放在什麼地方，耳和眼也不知聽什麼、看什麼，（與賓客）進退行揖禮相互謙讓也沒有分寸。因此，這樣來處理日常生活，就會長幼不分，家門中父、子、孫三代就失去和睦，朝廷上官爵尊卑失去位次，田獵軍事失去謀策，軍隊作戰不聽指揮，宮室規模不合制度，量器和鼎不合樣式，滋味不合時令，音樂不合節奏，車輛不合規格，鬼神失去祭祀，喪事失去哀思，說話不合身份場合，官吏分工失當，政事不得施行，沒有禮施加於自身而放在面前，各種舉動都會失當，這樣就無法先做表率而協和天下民眾了。」

子曰：「慎聽之！女三人者，吾語女：禮猶有九焉，大饗有四焉[1]。苟知此矣，雖在畎畝之中，事之，聖人已。兩君相見，揖讓而入門，入門而縣興；揖讓而升堂，升堂而樂闋。下管《象》、《武》[2]，《夏》、《籥》序興[3]。陳其薦俎，序其禮樂，備其百官。如此，而後君子知仁焉。行中規[4]，還中矩[5]，和鸞中《采齊》[6]，客出以《雍》，徹以《振羽》。是故，君子無物而不在禮矣。入門而金作，示情也。升歌《清廟》，示德也。下而管《象》，示事也。是故古之君子，不必親相與言也，以禮樂相示而已。」

注釋

1 大饗：大饗，禮名。兩君相饗為大，故曰：「大饗」。

2 《象》、《武》：武舞。

3 《夏》、《籥》：文舞。

4 行：指曲行。

5 還：指方行。

6 和：車軾上的鈴。鸞：通「鑾」，安裝在軛首或車衡上方的鈴。

譯文

孔子說：「仔細聽着，你們三人，我告訴你們禮是怎麼一回事。禮還有九項，大饗禮有四項，如果明白了這些，即使是身在田畝的農夫，只要按禮行事，也就是聖人了。兩國國君相見，互行揖禮互相謙讓而先後入門，入門而懸掛的鐘磬開始演奏。又行揖禮互相謙讓而上堂，上堂鐘磬就停止演奏。（這時上堂演唱《清廟》），下堂用管樂伴奏跳《象》舞和《武》舞，接着又跳《大夏》舞和《籥》舞。陳設籩豆和牲俎，禮儀和樂舞都依次進行，官吏們都齊集，這樣做以後，君子明白怎樣對賓客表示仁愛。轉圈而行如圓規，直行拐彎方如矩，出車迎賓鸞和的鳴聲與《采齊》樂曲相協調，賓客出門時奏《雍》，撤宴席時奏《振羽》。因此君子無事不符合禮。賓客入門而演奏鐘磬，是向賓客顯示仁愛之情；樂人上堂歌唱《清廟》，是向賓客顯示德行；下堂用管樂伴奏跳《象》舞（和《武》舞），是向賓客顯示王業的大事。因此古代的君子不必親口交談，通過禮樂就可以相互示意了。」

子曰：「禮也者，理也；樂也者，節也。君子無理不動，無節不作。不能《詩》，於禮繆[1]；不能樂，於禮素；薄於德，於禮虛。」

注釋

1 繆：通「謬」，謬誤，錯誤。

譯文

孔子說：「禮有道理的意思，樂有節制的意思。君子不做沒道理的事，沒有節制的事不做。不懂《詩》，行禮就會發生錯謬。不懂樂，行禮就過於單調。德行寡薄，行禮就變得虛偽。」

子曰：「制度在禮，文為在禮[1]，行之，其在人乎！」

注釋

1 文為：即文飾，泛指禮的一切外在表現。

譯文

孔子說：「制度包括在禮中，文飾包括在禮中，而實行還在於人啊！」

子貢越席而對曰：「敢問：夔其窮與[1]？」子曰：「古之人與？古之人也。達

於禮而不達於樂，謂之素；達於樂而不達於禮，謂之偏。夫夔，達於樂而不達於禮，是以傳於此名也，古之人也。」

注釋

1 夔（粵：葵；普：kuí）：傳說是舜時的樂官。

譯文

子貢離席而應聲說：「請問夔對於禮不通嗎？」孔子說：「你問的是那個古代的人吧？是古代的人啊。通曉禮而不通曉樂叫做素，通曉樂而不通曉禮叫做偏。你說的那個夔通曉樂而不通曉禮，所以就流傳下了夔這個名字，是個古代的人啊。」

子張問政，子曰：「師乎！前，吾語女乎！君子明於禮樂，舉而錯之而已。」子張復問。子曰：「師，爾以為必鋪几筵，升降酌獻酬酢，然後謂之禮乎？爾以為必行綴兆[1]。興羽籥，作鐘鼓，然後謂之樂乎？言而履之，禮也。行而樂之，樂也。君子力此二者以南面而立，夫是以天下大平也。諸侯朝，萬物服體[2]，而百官莫敢不承事矣。禮之所興，眾之所治也；禮之所廢，眾之所亂也。目巧之室，則有奧阼[3]，席則有上下，車則有左右，行則有隨，立則有序，古之義也。室而無奧阼，則亂於堂室也。席而無上下，則亂於席上也。車而無左右，則亂於車也。行而無隨，則亂於塗也。立而無序，則亂於位也。昔聖帝明王諸侯，辨貴賤、長幼、遠近、男女、外內，莫敢相逾越，皆由此塗出也。」三子者，既得聞此言也於夫子，昭然若發矇矣[4]。

注釋

1 綴兆：指舞蹈的位置和範圍。

2 服體：謂從其理。

3 奧：室內的西南角。阼：堂的東階。

4 發矇：指盲人從見光明。

譯文

子張問怎樣行政。孔子說：「師啊，過來，我告訴你吧。君子明白禮是怎麼回事，把它運用到行政上就是了。」子張再發問。孔子說：「師，你以為必須鋪設几和席，上堂、下堂、酌酒獻賓、向賓勸酒、賓又回敬主人酒，然後才叫做禮嗎？你以為必須排列舞隊，拿着羽毛和籥跳舞，鳴鐘擊鼓，然後才叫做樂嗎？說了就去實行，這就是禮。實行而使天下人快樂，這就是樂。君子努力做到這兩方面，就可站在統治地位上，這樣就天下太平了。諸侯都來朝拜，萬事都順從道理，而官吏們沒有敢不盡職的。禮興起的地方，就是民眾被治理好的地方。禮被廢棄的地方，就是民眾紛亂的地方。即使只憑目測巧思建造的宮室，也是有阼階和室奧，席位有上下之別，乘車有左右之分，走路有前後順序，站立有尊卑位次，這是自古就遵從的原則。宮室沒有阼階和室奧，賓主在堂上和室中的位置就會混亂；席位不分上下，座次就會混亂；乘車不分左右，車上的位置就會混亂；走路不分前後，路上的秩序就會混亂；站立沒有次序，尊卑位次就會混亂。從前聖明的帝王和諸侯，分別貴賤、長幼、遠近、男女、內外的次序，沒有人敢違反，都是遵循禮樂的道理。」三個學生從孔子那裏聽了這番道理之後，如同盲人睜開了眼睛，什麼都清楚了。

冠義

本篇導讀——

〈冠義〉是《禮記》第四十三篇。鄭玄《禮記目錄》說：「名曰『冠義』者，以其記冠禮成人之義。」所謂「冠」，是古代的男子成年時舉行的加冠禮。本篇是說明《儀禮・士冠禮》意義的專章。篇章開首，先明言「凡人之所以為人者，禮義也」，然後再從「身體」的儀容、談吐出發，說明「修身」與「倫理」秩序——君臣、父子、長幼建立的關係。

古人重視冠禮，固然是出於對「禮」的重視，所以說「冠者，禮之始也。」但就個人的成長而言，「冠禮」的進行，是藉着象徵性的物品，如玄冠、玄服，以及象徵性的行為——「冠於阼」、「醮於客位」，表達一種情感和願望。孩子經過了「成人禮」——加冠，身份就不同了，他的社會角色變得更多元——「成人禮焉者，將責為人子、為人弟、為人臣、為人少者之禮行焉。」所謂「成人」，一言一行，再不僅由一己之好惡為好惡，而是背負着國家、社會、家族的種種責任。

「冠禮」的意義，是讓人藉着生命過渡的儀式，確定個體的人生責任。

凡人之所以為人者，禮義也。禮義之始，在於正容體、齊顏色、順辭令。容體正，顏色齊，辭令順，而後禮義備。以正君臣、親父子、和長幼。君臣正，父子親，長幼和，而後禮義立。故冠而後服備[1]，服備而後容體正、顏色齊、辭令順。故曰：「冠者，禮之始也。」是故古者聖王重冠。

注釋

1 冠（粵：貫；普：guàn）：加冠禮。

譯文

人之所以成為人，是因為有禮義。禮義的起始，在於端正容貌體態、神色表情得體恰當、言語辭令合宜順暢。容貌體態端正，神色表情得體恰當，言語辭令合宜順暢，然後禮義的要素就算齊備了。其次，在於君臣關係正確、父子情感親善、長幼相處和睦。君臣關係正確，父子情感親善，長幼相處和睦，而後禮義就算確定了。因此，舉行加冠禮之後，服裝就會完備，服裝完備之後，才能容貌體態端正，才能神色表情得體恰當，才能言談辭令合宜順暢。所以說：「冠禮，是一切禮的開始。」因此，古代聖王都重視冠禮。

古者冠禮筮日、筮賓[1]，所以敬冠事。敬冠事所以重禮，重禮所以為國本也。

注釋

1 筮日：使用蓍草占問吉日。

譯文

古代舉行冠禮時，要先占筮以決定行禮的吉日與協助行禮的貴賓，這是因為敬重冠禮的緣故。敬重冠禮是因為重視禮，重視禮是因為禮是國家的根本。

故冠於阼[1]，以著代也。醮於客位[2]，三加彌尊[3]，加有成也。

注釋

1 阼：堂前東階，主人之位。

2 醮（粵：照；普：jiào）：一種飲酒的儀節。主人酌酒於賓，賓飲後不必回敬。客位：在戶西。此後三句，《儀禮・士冠禮》記文作：「醮於客位，加有成也；三加彌尊，諭其志也。」略異。

3 三加：行冠禮時，初加緇布冠，次加皮弁，最後加爵弁，三次加冠一次比一次尊貴。

譯文

所以冠禮在阼階上舉行，以表明成年後的受冠者具備代父親理事的含義。在戶西客位上向賓客酌酒，三次所加之冠，一次比一次更尊貴，這都是勉勵尊重受冠者已經成年獨立了。

已冠而字之[1]，成人之道也。見於母，母拜之，見於兄弟，兄弟拜之。成人而與為禮也。玄冠、玄端[2]，奠摯於君[3]，遂以摯見於鄉大夫、鄉先生[4]，以成人見也。

注釋

1 **字**：取字。成年後，在外以字行。

2 **玄端**：一種黑色的禮服。

3 **奠摯**：把見面禮放在地上，因為國君位尊，不敢親自遞交，只敢放在地上。摯，見面禮。

4 **鄉大夫**：「鄉」為「卿」字之訛。**鄉先生**：指卿大夫退休後居住在鄉裏的。

譯文

已經加冠後就取字，這是成人的標誌。然後去見母親，母親要向他行拜禮；見到兄弟，兄弟也要向他行拜禮。這都是因為他已經是成人了，要向他行成人之禮了。戴着黑色的禮冠、穿着黑色的禮服，將見面禮放在地上拜見國君，然後帶着見面禮去拜見卿大夫、鄉先生，都是以成人之禮拜見。

成人之者，將責成人禮焉也[1]。責成人禮焉者，將責為人子、為人弟、為人臣、為人少者之禮行焉。將責四者之行於人，其禮可不重與[2]？

注釋

1 責：求。

2 與：通「歟」。

譯文

已經成年的人，就要以成人之禮要求他。所謂以成人之禮要求他，就是要求他按照為人之子、為人兄弟、為人臣下、為人晚輩的禮節行事。要冠者用這四方面的禮待人行事，那冠禮能不特別重視嗎？

故孝弟忠順之行立，而後可以為人，可以為人，而後可以治人也。故聖王重禮。故曰：「冠者，禮之始也，嘉事之重者也[1]。」

注釋

1 嘉事：即嘉禮，五禮之一。古人把禮分為吉、凶、軍、賓、嘉五種，其中冠、婚、飲食、射、燕饗等皆屬嘉禮。

譯文

所以孝順父母、友愛兄弟、忠誠君王、順從長輩的行為做到了，然後才算可以做人。可以做人，然後才能夠治理人。所以聖王重視禮。所以說：「冠禮，是禮的開始，是嘉禮中最重要的。」

是故古者重冠，重冠故行之於廟。行之於廟者，所以尊重事。尊重事，而不敢擅重事；不敢擅重事，所以自卑而尊先祖也。

譯文

所以，古代重視冠禮，因為重視冠禮，所以冠禮是在宗廟舉行的。之所以在宗廟舉行，是因為對冠禮這種重要事務非常尊崇。對冠禮這種重要事務非常尊崇，因而重要事務不敢擅自做主；對重要事務不敢擅自做主，所以行冠禮要在宗廟舉行，表示謙卑而尊敬祖先。

昏義

本篇導讀——

〈昏義〉是《禮記》第四十四篇。鄭玄《禮記目錄》說：「名曰：『昏義』者，以其記娶妻之義、內教之所由成也。」由是可知，所謂「昏義」者，既說明「婚禮」的意義，也說明「內教」——教婦德、婦言、婦容、婦功的重要。所以本篇說明婚禮迎親前至完婚後各種儀式細節，講述新婦入門後，與夫家翁姑「互動」的種種禮儀，更說明婦女婚前教育的重要。當然，若以現代教育學的角度觀之，古人所謂「內教」，乃非今日所謂「全人教育」可比，但從古人重視婦女的教育一事中，卻可以明白儒家對「家庭」的重視，故篇中明言：「是故婦順備而後內和理，內和理而後家可長久也，故聖王重之。」，又說：「昏禮者，將合二姓之好，上以事宗廟，而下以繼後世也，故君子重之。」

或許有人會批評〈昏義〉中的婚姻漠視了「個人」。現代「婚姻」常強調結婚是兩個人的事，但今天社會許多的「家庭」問題，不知道會否是現代「婚姻」太強調「個人」的後果？

昏禮者，將合二姓之好，上以事宗廟，而下以繼後世也，故君子重之。是以昏禮納采、問名、納吉、納徵、請期[1]，皆主人筵几於廟[2]，而拜迎於門外，入，揖讓而升，聽命於廟，所以敬慎、重正昏禮也。

注釋

1 納采：據《儀禮．士昏禮》，古代婚禮迎娶有六道主要儀節，即：納采、問名、納吉、納徵、請期、親迎，俗稱六禮，本節先談前五禮，親迎見下節。在行六禮之前必須先「下達」，即男方請媒人至女方表達提親之意，女方同意後才「納采」。納采是指男方備禮派人至女方家，表示已選擇其女為婚配物件，正式請女方接受此選擇。納，接納。采，選擇。問名：納采後，男方請媒人詢問女方的名字。《曲禮》：「男女非有行媒，不相知名。」古代男女不經過媒人無以得知彼此名字，男方主動問名的目的是為了要占問婚事吉凶。納吉：問名占卜得吉兆，男方就請媒人至女方家，請女方接納此吉兆，謂之納吉。徵：聘禮。納吉後，男方派媒人至女方家致送聘禮，又稱納幣。請期：納徵後，男方經過占卜選出婚禮的吉日，派媒人至女方報告，徵得女方同意，表示尊重。

2 主人：指女方家長。筵（yán）：坐席。以下儀節，據《儀禮・士昏禮》，男方行媒至女方時，女方要在宗廟接待行禮，以示敬慎。

譯文

所謂婚禮，是用以結合兩姓家族的歡好，對上得以祭祀宗廟祖先，對下得以傳宗接代延續子嗣，所以君子重視它。因此，婚禮中的納采、問名、納吉、納徵、請期五道儀節，都由女方主人在宗廟設置坐席、几案，然後親自在廟門外拜迎男方媒人，進入宗廟後，拱手行禮，引導來賓升堂，並在廟堂上聆聽媒人轉達男方的各種意見，如此是為了表示對婚禮敬謹、審慎、尊重、正規的態度。

父親醮子而命之迎[1]，男先於女也。子承命以迎，主人筵几於廟，而拜迎於門外。婿執雁入[2]，揖讓，升堂，再拜[3]，奠雁，蓋親受之於父母也。降，出，御婦車，而婿授綏[4]，御輪三周[5]，先俟於門外。婦至，婿揖婦以入。共牢而食，合巹而酳[6]，所以合體、同尊卑以親之也。

注釋

1 父親：指男方主人。醮子：男方至女方家親迎之前，男方主人向兒子敬酒，並期勉兒子傳承之責，醮辭可參《儀禮・士昏禮・記》。醮，飲酒的儀節。

2 鴈：婿所執的見面禮。

3 再拜：拜兩次。據《儀禮・士昏禮》：「奠鴈，再拜稽首，降出」，婿應該是先把鴈放下，然後再拜，《昏義》此處顛倒。

4 綏（粵：需；普：suí）：登車時用以挽持的繩索。

5 御輪三周：指婿親自駕車使車輪繞三圈後，就交由隨從車夫駕車。

6 巹（粵：謹；普：jǐn）：飯後用以盛酒漱口的容器，將瓠瓜剖成兩半以為瓢，夫婦各持一半，以示「合體」。酳（粵：孕；普：yìn）：食畢以酒漱口。

譯文

男方的父親向兒子敬酒，然後命他親自去迎娶，這是表示由男方相迎於前而女方相隨於後。兒子秉承父親的命令去迎親，女方主人在宗廟設置坐席几案，然後親自在廟門外拜迎。婿帶着雁進廟門，拱手行禮相讓升上廟堂，放下雁，拜兩次，這是表示他親自從女方父母手中迎受新婦。婿下堂，出門，駕駛新婦乘坐的車，然後婿把登車繩交給新婦讓她挽持上車，駕着車子讓車輪轉三圈，將車子交給隨行車夫駕駛，然後先行回到自己家門外等候。新婦到時，婿拱手行禮，請新婦入門。新人共同吃飯，吃同一組牲牢。飯後，飲酒漱口，這是用同一個瓠瓜剖成的兩半，兩人各持一瓢盛酒而飲。這兩種儀節表示夫婦從此合為一體、同尊卑，相親相愛。

敬慎重正而後親之，禮之大體而所以成男女之別[1]**，而立夫婦之義也。男女有別，而後夫婦有義；夫婦有義，而後父子有親；父子有親，而後君臣有正。故曰：「昏禮者，禮之本也。」**

注釋

1 禮之大體而：或說此五字為衍文。

譯文

舉行婚禮，敬謹、審慎、尊重、正規，然後夫婦相親相愛，這是禮的要點，用以認定男女之別，而確保夫婦之間的道義。男女有別，而後確保夫婦之間有道義；夫婦之間有道義，而後父子之間就能親和；父子之間能親和，而後才有正確的君臣關係。所以說：「婚禮，是禮的根本。」

夫禮，始於冠，本於昏，重於喪祭，尊於朝聘，和於鄉射，此禮之大體也。

譯文

禮，冠禮是起始，婚禮是根本，喪禮、祭禮最隆重，朝禮、聘禮最尊貴，鄉飲酒禮和鄉射禮最和諧，這是禮的主要內容。

夙興[1]，婦沐浴以俟見。質明[2]，贊見婦於舅姑[3]，婦執笲——棗、栗、段脩以見[4]。贊醴婦[5]，婦祭脯醢[6]，祭醴，成婦禮也。舅姑入室，婦以特豚饋[7]，明婦順也。

厥明[8]，舅姑共饗婦以一獻之禮[9]，奠酬，舅姑先降自西階，婦降自阼階，以著代也。

注釋

1 夙興：早起。本節簡述為婦之禮，即婚後新婦拜見舅姑的各項儀節的意義。儀節詳見《儀禮・士昏禮》。

2 質明：指天剛亮，成婚後隔天。質，正。

3 贊：協助行禮的人。見：同「現」。舅姑：即公公、婆婆。

4 笲（粵：凡；普：fán）：竹制的容器，盛放下文所說的「棗、栗、段脩」。段脩：指用佐料加以捶治的肉乾。段，通「腶」。

5 贊醴婦：贊者代表舅姑向新婦進醴酒。

6 祭：指食前祭飲食之神的禮儀。醢：肉醬。

7 特豚：一隻煮熟的小豬。據《儀禮・士昏禮》：「舅姑入於室，婦盥饋，特豚，合升，側載，無魚、臘，無稷，並南上。」

8 厥明：據孫希旦《禮記集解》，指明日，即成婚後第三天早上。

9 饗：以酒食招待人。一獻之禮：士的飲酒之禮。

譯文

成婚後第二天一早起床，新婦洗頭洗澡以等候拜見公婆。天剛亮時，贊者帶領新婦去拜見公婆。新婦帶着盛放棗子、栗子、乾肉的笲拜見公婆。贊者代表公婆向新婦進醴酒，新婦用肉條、肉醬行祭食禮，用醴酒行祭食禮，完成了為人媳婦之禮。公婆回到室中，新婦進獻一隻煮熟的小豬等食物，這是用以表明新婦順從公婆的心意。第三天早上，公婆一起招待新婦，行一獻之禮，新婦再次拿到公婆酬答的酒後，放在食物的左側不再飲用。然後，公婆從西邊客階先下堂，新婦則從東邊阼階下堂，這是用以顯示新婦此後將接替婆婆料理家務。

成婦禮，明婦順，又申之以著代，所以重責婦順焉也。婦順者，順於舅姑，和於室人，而後當於夫[1]，以成絲麻、布帛之事，以審守委積、蓋藏[2]。是故婦順備而後內和理，內和理而後家可長久也，故聖王重之。

注釋

1 當：稱，配合。

2 委積：財物。蓋藏：儲糧。

譯文

完成為人媳婦之禮，表明媳婦順從公婆的心意，又顯示了媳婦此後將接替婆婆料理家務，這都是為了特別強調為人媳婦要順從。所謂媳婦順從，指順從公婆，使家人關係和諧，而後才能與丈夫的地位作用相稱，據以完成紡絲、製麻、織造布帛的工作，據以嚴格地守住家庭的財產、糧食、房屋、收藏。所以，媳婦具備了順從的德行，而後家庭就能和諧有條理。家庭和諧有條理，而後家就可以長長久久綿延不絕，所以聖王特別重視婦順之德。

是以古者婦人先嫁三月[1]，祖廟未毀[2]，教於公宮[3]；祖廟既毀，教於宗室[4]。教以婦德、婦言、婦容、婦功。教成，祭之，牲用魚，芼之以蘋藻[5]，所以成婦順也。

注釋

1 先嫁三月：出嫁前三個月。此節針對與國君同姓同族的許嫁女子而言。

2 **祖廟未毀**：據孔疏，這是指許嫁女子與國君的關係是同一高祖（由自己往上數四世祖先）的，這樣，其高祖之廟則尚未遷毀。如果許嫁女子與國君高祖之上的祖先才相同（關係更為疏遠），則許嫁女子之高祖廟已遷毀了。

3 **公**：指國君。

4 **宗室**：據鄭注，指宗子之家。

5 **芼**（粵：冒；普：mào）：做羹湯所用的菜。

譯文

所以，古代婦女在出嫁前三個月，如果高祖之廟還沒遷毀，就在國君的宮室教育她；如果高祖之廟已經遷毀，就在宗子的宮室教育她。教她學習為人媳婦應具備的德行、為人媳婦應說的言語辭令、為人媳婦應維持的容貌裝扮、為人媳婦應該做的事功。教育完成後，就祭告祖先，祭牲用魚，以蘋、藻調和羹湯，這是為了使她養成為婦順從的品行。

古者天子，后立六宮[1]**，三夫人、九嬪、二十七世婦、八十一御妻，以聽天下**

之內治[2]，以明章婦順，故天下內和而家理。天子立六官[3]，三公、九卿、二十七大夫、八十一元士，以聽天下之外治，以明章天下之男教，故外和而國治。故曰：「天子聽男教，后聽女順；天子理陽道，后治陰德；天子聽外治，后聽內職。教順成俗，外內和順，國家理治，此之謂盛德。」

注釋

1 六宮：六座寢宮，據孫希旦《禮記集解》，自三夫人至八十一御妻皆分屬六宮，以輔佐王后管理內治。

2 內治：指料理家政、操持家務。

3 六官：指管理國務的主要機構與負責官吏，具體所指，其說不一。或說，天官塚宰、地官司徒、春官宗伯、夏官司馬、秋官司寇、冬官司空，合稱六官。

譯文

古代的天子，王后設立六宮，置三夫人、九嬪、二十七世婦、八十一御妻，以管理天下之家政、家務之事，以彰顯婦女順從的德行，所以，使得天下所有的家庭都能內部和諧而管理有方。天子設立六官，置三公、九卿、二十七大夫、八十一元士，以管理天下之政事、政務，以明確天下男子的教育，因此，政治和睦而國家安定。所以說：「天子負責對男子教化，王后負責令女子順從；天子管理陽剛之道，王后管理陰柔之德；天子負責王宮之外的國家政事、政務，王后負責王宮之內的家政家務。男子受到良好教化，女子養成順從的品行，全國形成良好風俗；王宮之外和和睦睦，王宮之內和和順順，國家治理得井井有條，這就是天子與王后偉大的德行。」

是故男教不修，陽事不得，適見於天[1]，日為之食；婦順不修，陰事不得，適見於天，月為之食。是故日食則天子素服而修六官之職，蕩天下之陽事[2]；月食則后素服而修六宮之職，蕩天下之陰事。故天子之與后，猶日之與月，陰之與陽，相須而後成者也[3]。天子修男教，父道也；后修女順，母道也。故曰：「天子之與后，猶父之與母也。」故為天王服斬衰，服父之義也；為后服資衰[4]，服母之義也。

注釋

1 適（zhé）：通「謫」，責備。

2 蕩：蕩滌，清除，指除去污穢。

3 須：待也，引申為有依靠的意思。

4 資衰：即齊衰。「資」、「齊」，古音相近，可以通假。

譯文

所以，男子的教化如果不修治完善，陽剛之事就不能辦好；上天所顯現的譴責，就是日蝕；婦女的順服之道如果不修治完善，陰柔之事就不能辦好；上天所顯現的譴責，就是月蝕。所以，如果發生日蝕，天子就穿上純白的衣服，並檢討改進六官的職事，對天下陽事中的污穢加以清除；如果發生月蝕，王后就穿上純白的衣服，並檢討改進六宮的職事，對天下陰事中的污穢加以清除。所以，天子與王后，就如同太陽與月亮，陰與陽，彼此互相依存輔佐才能成功。天子負責男子的教化，就像為父之道；王后負責教育婦女順從，就像為母之道。所以說：「天子與王后，如同父親與母親。」所以，為天子服喪要服斬衰，就是為父親服喪的意義；為王后服喪要服齊衰，就是為母親服喪的意義。

孝經

在「孝」以外——《孝經》的現代詮釋

——《孝經》導讀

劉志輝

一、《孝經》——一本消解「個人主義」遺毒的書

一九一八年，秋，廣東順德的簡朝亮（一八五二——一九三三，康有為的同門師兄）花了約一年的時間，完成了他的《孝經集注述疏》。比起他的前作《尚書集注述疏》和《論語集注述疏》，前者耗費了十一年才完稿，後者也花上十年才殺青，注述《孝經》只不過是小事一樁。但是這一位晚清宿儒卻煞有介事地說：「《孝經》者，導善而救亂之書也。」[1]是的，一九一八年，國外歐戰正酣，國內軍閥傾軋，當然是亂世。然而，身處亂世的簡老，斷言《孝經》能夠「導善救亂」，又會否有點誇大？

班固在《漢書．藝文志》說：「夫孝，天之經，地之義，民之行也。舉大者言，故曰《孝

1 簡朝亮：〈《孝經集注述疏》序〉，《孝經集注述疏》（上海：華東師範大學，2011），頁3。

經》。」提到《孝經》，我們可能會聯想到儒家的「六經」。然而，《孝經》的「經」與《詩》、《書》、《禮》、《易》稱「經」的意思並不完全相同。儒家的「經」是漢人把儒家著作奉為經典後加上去的，《孝經》的「經」是道理、原則、方法的意思。皇侃（四八八—五四五）在《孝經義疏》曾說：「經者，常也，法也。……言孝之為教，使可常而法之，……故曰《孝經》。」按皇侃的說法，《孝經》就是「關於孝的道理」、「行孝的方法」的意思。[2] 原來《孝經》之名早已蘊含「導善之法」。

《孝經》這部「導善救亂」之書的作者是誰呢？關於作者的問題，大概有十一種說法，其中包括：孔子所作說、曾子所錄說、子思所作說、孔門七十子之徒遺書說、齊魯儒者附會說、孟子門人所著說、漢儒所作說、析中說（歷數代逐漸成書）、曾子弟子編錄說、曾子弟子樂正子春、樂正子春的弟子，或再傳弟子整理說等。雖然，《孝經》作者誰屬至今仍未有定論，但此書

2 胡平生：《孝經譯注》（上海：上海古籍出版社，2007），頁一〇—一一。

形成於戰國期間卻是可以肯定的。[3]

經藏書之禁，歷秦火之劫，《孝經》就如其他典籍一樣，一度隱沒於民間。至漢惠帝四年（前一九一）挾書令解禁，民間的儒家學者漸漸恢復儒家典籍的授受。據說《孝經》本由河間（今河北獻縣東南）人顏芝所收藏，後由其子顏貞傳出，共十八章。其後，河間獻王劉德獻此書於朝廷，這便是後世所說的**《今文孝經》**。文帝時，《孝經》與別的儒家經典立於學官。據**《漢書·藝文志》**和**《說文解字·敍》**記載，漢景帝的兒子，魯恭王劉餘（？—一二八）擴建孔子舊宅時，發現一批古文簡牘，其中包括由籀文寫成的《孝經》，此即是**《古文孝經》**。對比之下，**《古文孝經》**將今文兩個章節內分為五個章節，另外還多出了《閨門》一章，共二十二章。關於**《古文孝經》**問題，還有另外一種說法，據說此書是漢昭帝時候，魯國三老所獻的。而根據相傳是

3 胡平生認為《孝經》是由孔子講授，曾子弟子樂正子春或其再傳弟子所整理的。見胡平生：**《孝經譯注》**（北京：中華書局，1996），頁1—8。汪受寬則推斷《孝經》是孔子兒嫡孫子思（前四三八—前四〇二）所撰寫的，見汪受寬**《孝經譯注》**（上海：上海古籍出版社，2007），頁4—8。張踐則認為《孝經》是曾子門人的作品，見〈**《孝經》的形成及其歷史意義**〉，姜廣輝主編：**《中國經學思想史（第二卷）》**（北京：中國社會科學出版社，2003），頁115—121。但據近年研究顯示，上述各說乃未成定論。至於《孝經》的相關研究概況，可參考肖永明、羅山：〈**近年來《孝經》研究綜述**〉，**《雲夢學刊》**，第三十卷，第五期（2009年5月），頁25—26。

孔安國作的《古文孝經序》載，魯三老所獻的就是孔子舊居的二十二篇《古文孝經》。[4]到西漢成帝時，劉向（前七十七—前六）主持皇家藏書整理工作，以《今文孝經》為主本，用《古文孝經》對其進行刪訂，定為十八章，並通行於世。《古文孝經》以孔安國傳為尊，而《今文孝經》則以鄭氏注為重。[5]

在魏晉南北朝時期，今古文《孝經》曾並行於世，但至公元五五四年，西魏軍隊圍攻江陵，梁元帝下令焚毀所有圖書，《古文孝經》又絕跡於塵世。隋開皇十四年（五九四），《古文孝經》重出於市井，輾轉流入宮廷，隋文帝下詔把今古文《孝經》著於官籍，並頒行天下，然而當時學者均對重出的《古文孝經》存疑。自今、古文《孝經》並立於世以來，一直紛爭不絕。開元七年（七一九），唐玄宗（六八五—七六二）詔令群儒討論《孝經》今古文的優劣。當時左庶子劉知機（六六一—七二一）力主用《古文孝經》孔傳本，國子祭酒司馬貞則力主今文。結果，玄宗最後裁定：「鄭仍舊行用，孔注傳習者稀，亦存繼絕之典。」[6]並聽從司馬貞等人所議，去《閨門章》，以十八章《今文孝經》為定本。開元十年（七二二）和天寶二年（七四三），玄宗兩次親自對《今文孝經》進行注釋。天寶四年（七四五）御注的《孝經》刻成石經，立於京師

---

4 有人懷疑《古文孝經序》是東漢人託名之作。
5 所謂鄭氏注，是鄭玄的孫子鄭小同及其後人所作的《孝經》注。
6 《鄭氏孝經注》。

國學，人稱《石台孝經》。自此，《今文孝經》憑聖寵顯貴；反之，《古文孝經》漸不為世人所重。如北宋咸平年間，邢昺（九三二—一○一○）奉詔校定的《孝經注疏》三卷便是以唐玄宗所定的《孝經》正文及注為基礎，再據元行沖的《疏》編撰而成。後來，直至清代，帝王對《孝經》之重視有增無減，如順治、康熙、雍正三朝屢出《孝經》之御注、欽定、御纂版本。總之，自秦火以後，《孝經》與政治已結下了千世不解的情緣。

《孝經》主題內容表解

篇章	內容重點
第一章	全書的總綱，說明孝道的宗旨和意義，並從個人、社會和政治的角度闡明孝的重要性。
第二至六章	分別論述「五孝」，說明天子、諸侯、卿大夫、士、庶民各自適當的孝行。
第七章	從宇宙論的向度，說明孝如何連接天道、地道和人道。
第八、十一、十二、十三、十六、十七章	描述為政者應該如何行孝，使社會獲得真正和諧。
第九、十、十四、十五、十八章	從個人的維度詳述孝。

上表見羅思文、安樂哲著，何金俐譯：《生民之本：〈孝經〉的哲學詮釋及英譯》（北京：北京大學出版社，2010），頁9—10。

簡而言之，二十世紀以前，不論是皇族、官員，還是尋常百姓家，都一直奉《孝經》為圭臬。作為一部「經典」，《孝經》不僅官、私注疏不絕，而本經所述更被編繪成圖錄傳世。作為載負儒家思想的文本，《孝經》展示了儒家思想傳統中對天地之道的敬畏之情，經中提倡的「孝」文化，成為了貫通中華民族文化的經緯。例如呂妙芬就發現，除了政治、社會和教育向度，在晚明時期，很多士人不僅通過誦讀《孝經》來消災、驅魅、祈雨、求壽，而且詮釋《孝經》的時候，也流露出濃厚的「宗教性」。譬如明萬曆年間的虞淳熙（一五五三—一六二一）就把「孝」視之為宇宙萬物和自然人文的秩序源頭，也是維繫世界和諧的應然規範[7]。但世事如棋，進入近現代，《孝經》的命運又起了前所未有的變化。

踏入二十世紀，曾經受萬千寵愛的《孝經》，被打入冷宮了。雖不至於無人問津，但卻可說是門可羅雀。今日，我們提起《孝經》，除了肯定它的道德作用，總會把這本千年經典，與君主制、家長制、社會層級制，以及專制、愚民、封建等概念掛鈎。如《孝經》講的「五孝」——〈天子〉、〈諸侯〉、〈卿大夫〉、〈士〉、〈庶人〉諸章，儼然就是一幅古代中國的「封建制度圖」。若撇下天子不論，本經要求諸侯必須「在上不驕」、「制節謹度」，「滿而不溢」；卿大夫則「非法不言，非道不行」；作為士的須「忠順不失，以事其上」；至於庶人也要「謹身節

7 呂妙芬：《孝治天下：〈孝經〉與近世中國的政治與文化》（台北：中央研究院，2011），頁137。

用，以養父母」。所以有不少學者認為，《孝經》乃是一本講「忠順」，並為專制皇權服務的教科書。

誠然，我們不能否認，長久以來，《孝經》肩負着沉重的「政治責任」，但在二十一世紀的今天，脫離了政治羈絆的經典，《孝經》又會是一本怎樣的書？當我們翻開《孝經》，或許就會如竹居先生所說的一樣[8]，發現它不是象牙塔的專屬品，而是一本「導善而救亂之書」。

二、"I" 世代的「我」：極端「個人主義」的危機

同為一九一八年，浙江紹興的魯迅（周樹人，一八八一——一九三六）在《新青年》上發表了第一篇白話文短篇小說〈狂人日記〉[9]。〈狂人日記〉利用諷刺手法，控訴了傳統中國的「吃人的禮教」：

8 竹居先生即簡朝亮，字季紀，號竹居。

9 魯迅在一九一八年五月號的《新青年》雜誌上寫了幾首詩，並寫了一篇小說〈狂人日記〉。見夏志清著，劉紹銘譯：《中國現代小說史》（香港：香港中文大學出版社，2001），頁29。

我翻開歷史一查，這歷史沒有年代，歪歪斜斜的每頁上都寫着「仁義道德」幾個字。我橫豎睡不着，仔細看了半夜，才從字縫裏看出字來，滿本都寫着兩個字是「吃人」！

有論者認為，中國的「吃人禮教」，並不是最可怕的，最悲哀的反是狂人最後的祈許：

「沒有吃過人的孩子，或者還有？救救孩子……」[10]

也許「救救孩子」不是祈願，是絕望的吶喊。因為中國的孩子都懷着吃人的意向。中國的孩子都是在吃人的社會中被養大的，也都內化了這個社會的習俗與準則。[11] 不管是祈願也好，是吶喊也好，毫無疑問，〈狂人日記〉和魯迅的一系列作品，在二十世紀初，都成為了中國人「反傳統主義」的標記。誠然，當時中國人「反傳統」並不是目的，只是手段，是一種爭取「自我」解放的一種手段。

有人認為，二十世紀，中國人最寶貴的就是發現了「自我」。若用盧梭（Jean-Jacques

10 魯迅：〈狂人日記〉，《魯迅全集》（北京：人民文學出版社，1981）。

11 林毓生：〈魯迅思想的特質及其政治觀的困境〉，《中國傳統的創造性轉化》（北京：三聯書店，2011），頁492。

Rousseau, 1712－1778）的話說：「每個人都是高貴的存在，他的高貴到了使得他人不可成為別人工具的程度。」[12] 進入近現代中國，似乎大家開始明白人的尊嚴的重要性。明白尊重一個人，就要肯定他的自主性、他的自主權、他的自我發展權利。簡言之，個人的存在，本身就是目的，而不是工具。[13]

相對於我們的祖父輩，今天的「我」更理性，更自由，更懂得自得其樂地滿足一己的需求。我們不需要規矩，不需要權威，不需要傳統。我們可以把這個年代稱之為"I"世代。所謂"I"就是「我」，"I"世代即是一個「以我為尊」的世代。今天，為了追求「真正的自由」，我們逃離了傳統的約束，權威的轄制。簡而言之，"I"世代的「我」，就是一個「原子式」的「我」。從縱向而言，「我」和「過去」與「未來」沒有關係；從橫向而言，「我」與「他人」、「社會」和「國家」也可以沒有關係。「我」是「獨立」、「自主」、「自存」的個體，是沒有歷史包袱，沒有被先設道德規範制約的「自由人」。就如 Michael J. Sandel（1953－）所言：

> 我的責任只限定於我所做所為，這是個解放觀念。其假設是人身為道德行動者，是自

12 Steven Lukes（1973）*Individualism*, Oxford: Basil Blackwell, 49.

13 Immanuel Kant, *The Moral Law: Kant's Groundwork of the Metaphysic of Morals*, translation by H. J. Paton (1958), 3rd edn, London: Hutchinson & Co., 90－91.

由且獨立的自我，不羈於任何先設的道德拘束，有能力為自我選擇目的。不羈於習俗、傳統、原生地位，唯有個體自由選擇，才是我應盡道德義務的來源。[14]

如今，「我」是一切的標準，我的所是為是，我的所非為非。更重要的是，由於「我」與「宇宙」（上下四方曰『宇』，古往今來曰『宙』）割裂，所以我們對一切——除了自己所作的也無須負責。相比於我們的祖父輩，"I" 世代的「我」似乎更能體會到「自由」的真諦。

但正當我們沾沾自喜的時候，可能驀地發現，周遭的世界充斥着無聊、煩惱、不安，人與人之間失去了信任，政黨、政客、政治綱領都變得不可信賴。個人面對國家、政府、社會都進入一種「迷失」的狀態。美國哲學家杜威（John Dewey, 1859－1952）告訴我們，現代人的自我「迷失」是無可避免的。這是因為在現代社會的境遇中，個體是分散的，社會不再是一個互相依存的整體，故不能在其中得到安慰和滿足。[15]

當「我」自以為獲得「自由」時，「自由」卻令「我」迷失了！

14 Michael J. Sandel 著，樂為良譯：《正義：一場思辨之旅》（台北：雅言文化出版有限公司，2011），頁 238。

15 詹姆斯・坎貝爾，楊柳新譯：《理解杜威：自然與協作的智慧》（北京：北京大學出版社，2010），頁 153。

三、藉《孝經》重尋真正的「自我」

同樣是一九一八年的作品，有趣的是，若把〈狂人日記〉與《孝經集注述疏》放在一起，我們會發現它們的「矛盾」和「對立」：前者代表着「現代」、「進步」與「解放」，後者盛載的是「傳統」、「落後」和「壓抑」。由此說來，今時今日，莫非《孝經》真的是一文不值嗎？不是！絕對不是。兩位美國人，羅思文（Rosemont）和安樂哲（Ames, R.T.）在翻譯《孝經》的時候，就向我們揭示《孝經》的價值所在：

> 該書（指《孝經》）提倡維護歷史敬畏傳統，不僅只是保守權力主義知識分子的悲歎，而是包含這樣敏銳的洞識：即我們之所是所成總是與過去相連。確實，抹殺過去也就意味着我們迷失了自己所是，這樣，一個直接後果就是丟失了我們未來（在一個更和平世界中）之所是和所要成就的方向。[16]

16 羅思文、安樂哲著，何金俐譯：《生民之本：〈孝經〉的哲學詮釋及英譯》（北京：北京大學出版社，2010），頁23。

原來，只要我們細讀這一本古老的教科書，便可以從「過去」中認定「自我」的價值所在，明白「自己」所成所是的來由，並藉此能夠面對「未來」和「世界」。

大家可能懷疑薄薄的一本《孝經》真的有如此能耐嗎？中國傳統的「孝」與 "I" 世代的「自我」又有什麼關係？

在中國，「孝」的觀念由來已久。中國的第一部詞典《爾雅》說：「善事父母曰孝。」「孝」的基本含義，就是善於侍奉父母的意思。究竟怎樣才算得上是「善事父母」？《孝經》作了很好的補充：「生事愛敬，死事哀戚，生民之本盡矣，死生之義備矣，孝子之事親終矣。」[17] 父母在生的時候，為人子女的要愛且敬，父母過世了，為人子女則事之以哀慟，這就是「死生之義」。什麼是「義」？有人說：「『義』就是正確，就是正當的行為。」其實，中國儒家認為個人的行為是「義」或「不義」，不能單從個人出發，而是要把個人的行為放在諸種「關係」中去衡量，也要顧念「他人」的感受。子女行孝不僅是履行一種責任，而是個人「道德自覺」的培養。孔子就說：「孝弟（悌）也者，其為仁之本與！」（《論語・學而》）中國人把「仁」（最高的道德總體）的根紮在家庭生活和家庭成員的關係上。由此可見，中國人講「孝」，是以個人與個人的關係開始，是從人類最原始、最樸素的感情開始，繼之而通過履行「孝道」，在日常生活中培養個人的

17《孝經・喪親章第十八》。

道德意識，並成就恰如其分的「自我」。《孝經》的〈紀孝行章第十〉說：

事親者，居上不驕，為下不亂，在丑不爭。居上而驕則亡，為下而亂則刑，在丑而爭則兵。三者不除，雖日用三牲之養，猶為不孝也。

「事親」不是子女和父母的事，而是個人在家庭、社會、國家的關係網絡中，對自己的「所行所是」保持高度警惕。

儒家關注自我確認，追求自我人格，重視自我實現。這一切都是從群體中去把握，在溫情脈脈的相互規定中去把握。有人認為，「自我」處於內外親疏、上下尊卑、高低貴賤、男女長幼、愛尊厚薄等關係網中，這會喪失了權利平衡和個體自主。但我們要注意的是「自我」其實並未因此而喪失；相反，「自我」正正融入了日常人倫之中，讓人感到安全。儒家把外在的規範約束，解說成人心的內在要求，用心理情感原則，把「自我」引導到人際關係之中。孔子也說：「弟子入則孝，出則弟，謹而信，汎愛眾，而親仁。」（《論語．學而》）人與人之間的關係規定，已成為「自我」認可並自覺遵循的原則。[18]

18 劉志輝、趙善軒、李小杰：《古今大不同》（香港：匯智出版社，2012）。

此外，《孝經》向我們展示的「自我」，不僅是注重「現世」關係的「自我」。如在《孝經・開宗明義章第一》中，當說明什麼是「孝」之後，孔子還引用了《詩經》的〈大雅〉：「無念爾祖，聿修厥德」作結。我行孝與「過去」的祖先有什麼關係？祖先修德又與「現在」的我何干？當我們細讀《孝經》，就會明白「自我」有了時間的維度，有了傳統，有了淵源。

有人說，《孝經》中講「愛」，這是不錯的，但本經更重視的是「敬」。所謂「敬」，就是個人對祖先的「敬畏」。故《孝經》言「生事愛敬，死事哀戚」，我們愛父母當然重要，但對父母、祖父母和家族先祖懷着「敬畏」之情，也是十分重要的。這種「敬畏」包含的是個人對「過去」的尊重，是對天地的尊重。李澤厚（一九三〇—）認為：「孝」本是氏族群體為維護、鞏固、發展其生存延續而要求個體履行的一種社會道德義務。但經由巫術禮儀到禮制化和心靈化之後，「孝」就成為了超越此世間人際的神聖的絕對命令。「不孝」不僅違反人際規則，而且觸犯天條，當遭天譴。「孝」可以說是中國人的「宗教性道德」。[19] 所以《孝經》〈三才章第七〉說：

19 所謂「宗教性道德」與 Kant 所講的「絕對命令」相類似。此類道德律則，如宋明理學家常言的「天理」、「良心」等既具有普遍性和絕對性。又如中國的「三綱五常」，便經常被稱之為「神意」、「天道」、「真理」或「歷史必然性」，即以絕對形式出現，要求「放之四海而皆準，歷時古今而不變」，這就是「宗教性道德」。見李澤厚：《歷史本體論》（北京：三聯書店，2002），頁 44—48。

夫孝，天之經也，地之義也，民之行也。

若從政治的維度看，《孝經》講明主治國，也是講「尊重」：

夫然，故生則親安之，祭則鬼享之，是以天下和平，災害不生，禍亂不作。故明王之以孝治天下也如此。（《孝經・孝治章第八》）

今天，政府在訂定政策的時候，往往是從「效益主義」（Utilitarianism）的原則出發，即是「計算」政策本身能帶來多少「利益總和」。但《孝經》所講的「孝治」精神卻注重對「人」的尊重，這正是中國先秦儒家「民本說」精神的體現。

簡言之，若「自我」是船，《孝經》就是錨。船有了錨，就可以定下來，不再隨波逐流，四處漂蕩。如果我們認同"I"世代的「自我」陷於迷失之中，那麼《孝經》正是一本「導善」和「救亂」之書。還記起簡朝亮在《孝經集注述疏序》篇末云：

自念童時，家君以《孝經》命之讀，布席於地，執書策而坐，在膝下讀焉。今無幾何，身年六十有八，雖目光尚如童時，而親亡矣，書策徒存，安得知膝下讀《孝經》時也？

當我們道盡萬語千言，解讀這一部小小的經典之時，簡老提醒大家要讀懂《孝經》，最好還是不要離開它的原點——「親情」。

本書是《孝經》本文的譯注。除各篇導論和賞析以外，正文與譯注部分都是以胡平生、陳美蘭的《中華經典藏書·禮記　孝經》（北京：中華書局，2011）為底本，再參考清簡朝亮撰，周春健校注：《孝經集注述疏——附〈讀書堂答問〉》（上海：華東師範大學出版社，2011）、汪受寬的《孝經譯注》（上海：上海古籍出版社，2004）、賴炎元、黃俊郎的《新譯孝經讀本》（臺北：三民出版社，2008）撰寫而成。由於《孝經》篇幅短小，而且內容與《禮記》多有共通處。故沿北京中華版之舊，把《孝經》與《禮記》合編為一書，以便閱覽。

開宗明義章第一

本篇導讀——

本篇是《孝經》的首章，所謂「開宗明義」，即是揭示和說明「孝」的宗旨和意義的意思。故此本篇的主旨是闡明孝道的根本意義和精神，可以說是全書的總綱。

本篇可分為兩部分。第一部分：「仲尼居……吾語汝」，以孔子和曾參的答問作引子，帶出「孝」乃是所有德行的根本。孔子的學生有子曾說：「君子務本，本立而道生。孝弟（悌）也者，其為仁之本與！」（《論語．學而》）眾所周知，「仁」是儒家學說的根本，而「孝」又是「仁」的根本，由此可見「孝」的位置是何等重要。

本篇的第二部分：「身體髮膚……聿修厥德」，闡述了「孝」的根本精神。「孝」就是對「自我」的否定和肯定。既否定自以為是，無限擴大的「自我」；同時，又肯定「自我」有「自我完善」的能力。《孝經》說「孝」是「德之本」，因為所有道德行為，皆源於個體對他人、萬物和世界的「關愛」和「尊重」。就是因為「關愛」和「尊重」，所以父子有親，君臣有義，夫婦有別，長幼有序，朋友有信。（《孟子．滕文公上》）這就是孔子所謂「教之所由生」的原因。

仲尼居[1]，曾子侍[2]。子曰：「先王有至德要道[3]，以順天下[4]，民用和睦[5]，上下無怨。汝知之乎？」曾子避席曰：「參不敏[6]，何足以知之？」子曰：「夫孝，德之本也，教之所由生也。復坐，吾語汝。」

注釋

1 仲尼：即孔子。居：無事閒坐在室。

2 曾子：即曾參（前五〇五－前四三六），孔子七十二弟子之一。子，為古代男子通稱。侍：陪坐。

3 先王：先代的聖賢帝王，如夏禹、商湯、周文王、周武王。至德：最美好的德行。要道：要，關鍵；道，道理。

4 順：順，使……順從。天下：天下的人心。

5 用：因而。

6 不敏：魯鈍、愚笨。

譯文

孔子閒坐在家，學生曾參陪坐在一旁。孔了說：「先代聖王有一種至高尚的德行，最為重要的道理，它使天下人心歸順，百姓和睦相處。不論貴賤，各人都沒有不滿。你知道是什麼嗎？」曾子連忙起身離座回答說：「學生生性愚笨，哪裏會知道這究竟是什麼呢？」孔子說：「孝是一切道德的根本，也是所有道德教化的根源。你坐下來吧，待我告訴你。」

賞析與點評

在理解這一段的時候，我們要先了解儒家的論述習慣。儒家重視傳統，一切道德價值都是其來有自。在古代中國，先代的聖賢帝王就是理想化的道德載體，是完美道德的典範。「孝」由「先王」而來，如此「孝」就有了至高無尚的地位。

「夫孝，德之本也，教之所由生也。」「孝」原來是子女對父母最原始的感情。「孝」本沒有什麼道德意義，更談不上有什麼普遍意義。譬如我們自己孝順父母，是特殊的，並不能要求別人也一定要孝順父母，但儒家卻給「孝」賦予了普遍意義，因為儒家明白，一切德行和教化要注入「感情」才有意義。所以，我們也要明白若道德教化缺乏「道德感情」，就會變成僵化的「教條」，那樣就會失去活力和意義。

身體髮膚，受之父母，不敢毀傷，孝之始也。立身行道[1]，揚名於後世，以顯父母，孝之終也。夫孝，始於事親，中於事君[2]，終於立身。《大雅》云[3]：『無念爾祖[4]，聿修厥德[5]。』」

注釋

1 立身：建功立業。行道：實行天下的大道。

2 中：人生的中間階段。

3 《大雅》：《詩經》的一個組成部分，主要是西周官方的音樂詩歌作品。

4 無：發聲詞，無義。

5 聿（粵：律；普：yù）：發聲詞，無義。

譯文

一個人的身體、四肢、毛髮、皮膚，都是從父母那裏得來的，所以要特別地加以愛護，不敢損壞傷殘，這是孝的開始，是基本的孝行。一個人要建功立業，遵循天道，揚名於後世，使父母榮耀顯赫，這是孝的終了，是完滿的、理想的孝行。孝，開始時從侍奉父母做起，中間的階段是效忠君王，最終則要建樹功績，成名立業，這才是孝的圓滿的結果。《大雅》裏說：『怎麼能不想念你的先祖呢？要努力去發揚光大你先祖的美德啊！』」

賞析與點評

對個人價值的重視，是現代社會不可或缺的核心價值。然而，當我們過於看重「自我」，卻會使個體陷於「孤立之地」。《孝經》的「孝」就是把個人重構於過去、現在、未來，以及家庭、社會、國家的脈絡之中。所謂「孝」，就是喚起個體對先祖（過去）、父母（現在），和他者（社會、國家）的「顧念」（concern）。這樣我們的「道德情感」就有了不同的向度。

「身體髮膚，受之父母，不敢毀傷，孝之始也。立身行道，揚名於後世，以顯父母，孝之終也。」現代人重視個體的價值，特別強調對「身體」（body）的自主，恰巧中國人講「孝」也是由「身體」開始。《孝經》的基本精神，就是要我們明白「我」的所作所為，並非僅僅為了滿足

「自己」所需，而是要明白什麼是應該做（積極），什麼是不應該做（消極）。當然，這種「應然」（ought to be）不是一種「道德命令」，而是人類的天性使然。

天子章第二

本篇導讀——

在《孝經》裏有所謂「五等孝」，天子之孝、諸侯之孝、卿大夫之孝、士之孝和庶人之孝。由這一章開始及以下四章，分別討論了上述五等孝行。

我們常誤會中國儒家講道德教化，只是叫人守禮和讀書。禮教和經典也許是不可或缺的，但藉着社群領袖樹立「道德模範」，讓群眾可以模仿和學習，也是傳統中國人宣示道德教化的主要途徑。在古時候，所謂「天子」不僅是政治上的領袖，也是最高德行的現世模範。《中庸》的〈三重章〉就曾經說：「是故君子動而世為天下道，行而世為天下法，言而世為天下則。」對儒家而言，作為社群領袖，無論是天子也好，是君子也好[1]，一己的修身，並不是要追求個人超

1 君子，泛指統治階層而言。

凡入聖，成仙成佛，而是要走進群眾，佇立在社會之中，以為後世效法之典範。

子曰：「愛親者[1]，不敢惡於人[2]；敬親者，不敢慢於人[3]。愛敬盡於事親，而德教加於百姓[4]，刑於四海[5]。蓋天子之孝也。《甫刑》云[6]：『一人有慶[7]，兆民賴之。』」

注釋

1 愛親者：指天子將對自己父母的親愛之心（孝心）擴大到天下所有人的父母。愛親，親愛自己的父母。

2 惡：憎惡，厭惡。

3 慢：輕侮，怠慢。

4 德教：道德修養的教育，即孝道的教育。加：施加。

5 刑：通「型」，典範，榜樣。四海：指全天下。

6 《甫刑》：《尚書・呂刑》篇的別名。

7 一人：指天子。慶：善行，在這裏是指天子愛敬父母之事。

譯文

孔子說：「天子能夠親愛自己的父母，也就不會厭惡別人的父母；能夠尊敬自己的父母，也就不會怠慢別人的父母。天子能以愛敬之心盡力侍奉父母，就會以至高無上的道德教化人民，成為天下人效法的典範。這就是天子的孝道啊！《甫刑》裏說：『天子有善行，天下萬民全都仰賴他。』」

賞析與點評

〈天子章〉所講的是天子行孝的原則和作用。從起始而言，天子的孝行其實與一般人沒有兩樣，都是以愛敬的心來盡力待奉自己的父母。不同的是作為天下之主，天子對父母的愛與敬，並不是個人的事，而是作為世人的道德楷模。然而，若我們留意作者引用《尚書・甫刑》的話作結，就會更明白《孝經》作者的深意。

為什麼古人說：「一人有慶，兆民賴之。」？從表面看來，這句話很容易理解。中國人一直以來信奉賢人政治，相信有賢人自然有德政。不過如我們追問下去：「為什麼國家領袖擁有高尚的道德風範，人民和不同種族的人也會受感染？」說到底，這是因為儒家相信人擁有「感通作用」，簡單來說就是同理心。「感通作用」的前提，就是先肯定別人和自己是平等的，是和自己沒分別的，那樣才可以講「己所不欲，勿施於人」（《論語》），才可以說「老吾老以及人之老，幼吾幼以及人之幼」（《孟子》）。那樣「有賢人就有德政」就會變成可能，同時民眾被「道德模範」所感染也是可能的。

諸侯章第三

本篇導讀——

「諸侯之孝」為「五等孝」之二。諸侯是商周時代分封制度下對各封國國君的稱呼。在分封制度下，諸侯分為五等，分別是公、侯、伯、子、男，他們是一國之君，地位僅次於天子。作為訓諭性的讀物，《孝經》裏的「諸侯之孝」主要講一國之君行事應謹慎和戒懼，行之有度而不逾禮法常規。如此人民就能夠和睦相處，世襲的政權也可以延續和發展了。

在上不驕[1]，高而不危；制節謹度[2]，滿而不溢[3]。高而不危，所以長守貴也。滿而不溢，所以長守富也。富貴不離其身，然後能保其社稷[4]，而和其民人。蓋諸侯之孝也。《詩》云：「戰戰兢兢，如臨深淵，如履薄冰[5]。」

注釋

1 驕：自滿。
2 制節：指費用開支節約儉省。謹度：指行為舉止謹慎而合乎法度。
3 溢：指超越標準的奢侈、浪費。
4 社稷：國家的代稱。社，土地神。稷，穀神。
5 「戰戰兢兢」三句：語出《詩經．小雅．小旻》。

譯文

身居高位而不驕傲，那麼雖身處高位也不會有傾覆的危險；儉省節約，慎守禮法，那麼儘管國庫財富充裕也不至於浪費。處於高位而沒有傾覆的危險，這樣就能長久地保持地位尊貴。資財充裕而不浪費，這樣就能長久地保有財富。能夠緊緊地把握住富與貴，然後才能保住自己的國家，而使人民和睦相處。這就是諸侯的孝道啊！《詩經．小雅．小旻》上說：「戰戰兢兢，謹慎小心，就像走近深淵旁，就像腳踏在薄冰上。」

賞析與點評

很多人讀〈諸侯章〉總會認為這是天子勸誡諸侯要謹小慎微，不可逾越禮制，不可以下犯上的訓諭之詞。然而，當我們細讀這一章，就不難發現它的字裏行間蘊涵着中國傳統儒家的「幽暗意識」。所謂「幽暗意識」，就是指人性的黑暗面。[1] 例如在西方，基督教的「原罪觀」正是西方「幽暗意識」的代表。由於基督教的人性論不相信人有自我完善的可能，只有不斷墮落的危機，所以在西方的政治傳統中，就出現了種種限權的制度，如君主立憲制、民主議會制度等。反之，儒家既深信人性有成德的可能，但同時又明白人性有沉淪的危險，故此，孟子既

1 關於「幽暗意識」的討論見張灝：〈幽暗意識與民主傳統〉，《張灝自選集》（上海：上海教育出版社，2002），頁1－21。

告訴我們「人人可以為堯舜」，又不忘提醒大家「人之異於禽獸者幾希！」（《孟子》）由此觀之，〈諸侯章〉勸人「在上不驕」、「制節謹度」、「滿而不溢」，叫人行事要「戰戰兢兢，如臨深淵，如履薄冰」，就是要我們時刻懷着戒懼和警惕之心，不要讓藏在人性深處的幽暗意識控制身心。

「在上不驕，高而不危；制節謹度，滿而不溢」，從小時候開始，父母和師長就教導我們處事為人要懂得「謙虛」，不可以自高自大。但隨着年月的過去，我們很多時候會把「謙虛」放進記憶的寶盒裏，讓它與我們的純真一起封存。人越是「成功」，就越容易「驕傲」，「驕傲」就是「自我膨脹」的表現。故此《孝經》要我們「不驕」，「不驕」既有謙虛的意思，還有「敬上愛下」的含意。當我們曉得尊敬和關愛別人，就絕對不會犯上自滿自大，目中無人的毛病。同樣，當我們真的懂得謙遜，便不會隨處樹敵，讓自己陷於危險之地。

卿大夫章第四

本篇導讀——

在封建制度中，卿是周王朝和諸侯國中的高級官員，其爵位分為上大夫和下大夫。因為卿大夫是王朝和諸侯國的行政長官，所以本篇特別談及他們的言行舉止，當中包括服飾、言語和行為。作為高級的行政長官，卿大夫的服飾和言行都要合乎禮制，以成為民眾的表率。同時，卿大夫慎言謹行，也可以使家族權位得以保存。

非先王之法服不敢服[1]，非先王之法言不敢道[2]，非先王之德行不敢行[3]。是故非法不言，非道不行；口無擇言，身無擇行。言滿天下無口過[4]，行滿天下無怨惡。三者備矣[5]，然後能守其宗廟。蓋卿、大夫之孝也。《詩》云：「夙夜匪懈[6]，以事一人[7]。」

注釋

1 法服：按照禮法制定的服裝。
2 法言：合乎禮法的言論。
3 德行：合乎道德規範的行為。
4 口過：語言的過失。
5 三者：指服、言、行，即法服、法言、德行。
6 夙：早。匪：通「非」。懈：怠惰。
7 「夙夜匪懈」兩句：語出《詩經．大雅．烝民》。

譯文

（卿大夫）不合乎先代聖王禮法所規定的服裝，不敢穿；不合乎先代聖王禮法的言語，不敢說；不合乎先代聖王禮法規定的行為，不敢做。因此，不合禮法的話不說，不合道德的事不做。由於言行都合乎法度，開口說話便無須斟字酌句，選擇言辭，也無須考慮應該做什麼、不該做什麼。因此所說的話雖然傳遍天下，但也沒有什麼過錯；所作所為雖然傳遍天下，但從不會招致怨恨。完全地做到了這三點，服飾、言語、行為都符合禮法，然後才能長久地保住自己家族的宗廟。這就是卿大夫的孝道。《詩經．大雅．烝民》上說：「即使是在早晨和夜晚，也不能有任何的懈怠，要盡心竭力地去奉事天子！」

賞析與點評

「禮」是中國傳統文化之一大表徵。唐代學者孔穎達就曾經說過：「中國有禮義之大，故稱夏；有服章之美，謂之華。華、夏一也。」（《左傳．定公十年》）「中國」原本是一個地域性的概念，而「華夏」就是一個文化共同體。這個共同體的價值基礎就是「禮」。在中國經典的論述傳統裏，「禮」是先代聖王，如夏禹、商湯、周文王、周武王遺留的「不朽準則」。《孝經》強調卿大夫要服「先王法服」，言「先王法言」和行「先王德行」，一方面，是要警告這些高級行政長官不可心懷不軌，僭越禮法；另一方面，是要強化「不朽準則」的「神聖」特質。自古以來，「禮」就在不斷重複的論述和解釋中獲得「不朽」的生命。

所謂「是故非法不言，非道不行；口無擇言，身無擇行。言滿天下無口過，行滿天下無怨惡。」當我們罵人「口不擇言」時，即是說那人說話不經思考，言語之間傷害了他人。其實，不論古今中外，大部分社會上通行的禮儀都涵蓋了「情」與「理」。當我們待人接物時依禮而行，便不會出現傷害了別人而自己懵然不知的情況。

士章第五

本篇導讀——

據《白虎通義・爵》說：「士者，事也，任事之稱也。」「士」作為最前線的政府人員，要直接面對廣大的民眾，處理政府的具體事務。據本篇所講，士應該以忠、順的態度事奉君上。而在下位的士，只要堅定不移地以「忠」「順」事奉上級，就可以永遠得保祿位。此外，讀本篇的時候，我們也要注意一個關鍵的概念——「移孝作忠」，「移孝作忠」將兩種原來不相干的感情——「孝」和「忠」貫通起來，這正反映了中國文化中「家國同構」的特點。

資於事父以事母[1]，而愛同；資於事父以事君，而敬同。故母取其愛，而君取其敬，兼之者父也。故以孝事君則忠，以敬事長則順[2]。忠順不失，以事其上，然後能保其祿位，而守其祭祀[3]。蓋士之孝也。《詩》云：「夙興夜寐，無忝爾所生[4]。」

注釋

1 資：取、拿。

2 長：上級，此處卿大夫。

3 祭祀：專指祭祖。

4「夙興夜寐」兩句：語出《詩經．小雅．小宛》。無：不要。忝（粵：舔；普：tiǎn）：羞辱。爾所生：生養你的人，指父母。

譯文

以侍奉父親的態度去侍奉母親，那愛心是相同的；以侍奉父親的態度去侍奉國君，那尊敬的心是相同的。因此，對母親，以愛心侍奉；對國君，以崇敬的態度侍奉；只有對待父親，應二者兼而有之。所以，用孝道來侍奉國君，便是忠誠；以敬心侍奉上級，就是順從。堅持忠誠與順從的心，侍奉國君長上，就能保住自己的俸祿和職位，並維持對祖先祭祀的權力。這就是士人的孝道。《詩經．小雅．小宛》裏說：「早起晚睡，努力工作，不要玷辱了生育你的父母！」

賞析與點評

二十世紀之後，《孝經》經常為人所詬病，說它是維繫君主專制政體的「政治工具」。當我們讀到《孝經．士章》的「故以孝事君則忠，以敬事長則順」，似乎可以肯定《孝經》有「移孝作忠」，載負鞏固政權的作用。當然，不能否認，自西漢以後，「忠順不失」常常被高舉，成為在下位者謹守的規條。然而，當我們明白《孝經》出現的時代背景——春秋戰國時代，就會了解「移孝作忠」既有其「合理性」，也有「合法性」。話說西周時代，姬姓的周人以封建、宗法和禮樂三種制度作為維繫周天子政權的紐帶。在宗法制度下，天子不僅是最高的統治者，也是宗族的大宗。如此類推，諸侯、卿大夫、士也是其家族的大宗，這就是中國特有的「家國同構」的政治模式。於是，在理論上，無論是天子，還是封君，對在下位者而言，上位者不僅是「政治上」的領袖，也是「家族」中的長輩。因此，要求在下位者以孝事君，以敬事長，並不無道理。再者，儒家提倡「忠順」，是因為春秋戰國時代禮崩樂壞，原來的政治秩序已蕩然無存。故此，高呼「忠順不失，以事其上」是有其實際需要的。

所謂「故以孝事君則忠，以敬事長則順」，讀此句的時候，我們不應該只着眼於「忠」和

「順」二字，因為它們只是結果，而不是內容。父母教導子女，老師教導學生，總是抱着很多的期望，希望受教者能夠「達標」。但就如「忠」和「順」一樣，如果「忠」失去了「孝」——「愛」和「敬」;「順」缺乏了「敬」，便只會徒具形式，沒有意思了。

庶人章第六

本篇導讀——

「庶人」是指天下一般百姓。自古而言，中國社會分為「士」、「農」、「工」、「商」四等，除了「士」以外，其餘三者皆可以稱為「庶人」。本篇為「五孝」之末，它上承了前四章（天子、諸侯、卿大夫、士）綱領式的討論。本章表面上說明了庶人行孝的原則，同時亦揭示中國文化裏「天」、「地」（宇宙）和「人」（個體／群體）一體化的世界觀，以及「孝」的普遍性和超越性。

用天之道[1]，分地之利[2]，謹身節用，以養父母。此庶人之孝也。故自天子至於庶人，孝無終始，而患不及者，未之有也。

注釋

1 用天之道：用天道、按時令變化安排農事。天道，指春、夏、秋、冬季節變化等自然規律。

2 分地之利：分別情況，因地制宜，種植適當的農作物，以獲取地利。

譯文

利用春、夏、秋、冬節氣變化的自然規律，分別土地的不同特點，使之各盡所宜；行為舉止，小心謹慎；用度花費，節約儉省；以此來供養父母。這就是庶民大眾的孝道。所以，上自天子，下至庶民，孝道是不分尊卑，超越時空，永恆存在，無終無始的。孝道又是人人都能做得到的。如果有人擔心自己做不來，做不到，那是根本不會有的事。

作為「五孝」之末，〈庶人章第六〉重申「孝」的總綱。通常「用天之道，分地之利，謹身節用，以養父母」的解釋有二：一、庶人（專指農民）要順應四季變化，認識和運用不同的土地種植，並謹言慎行，節約用度，以供養父母。二、所有平民百姓（包括農、工、商）應該順應自然秩序（天之道），利用自然資源（地之利），努力工作，以作為供養父母之資。然而，若我們細讀《孝經》，便會發現本經講「天」、「地」和「人」的時候，實質在述說預設的「宇宙秩序」。在儒家學說裏，「宇宙秩序」就是「社會秩序」，所以在中國傳統的社會裏，長幼尊卑有序，天子就是天子，諸侯便是諸侯，大夫還是大夫，不同的人就要遵守不同的禮法，這便是「殊」；但不論是什麼階層的人，面對「孝道」卻是「平等」的，這就是「一」。雖然人人身份「分殊」，但大家遵循的「孝道」卻是「一致」的。所謂「一」就是社會的「共同價值」。對於國家和社會而言，這個「一」恍如一根定海神針，只要它深植人心，國家和社會便不會陷入崩分析離的狀態。

所謂「用天之道，分地之利，謹身節用，以養父母」，中國古人孝順父母，講求的不僅是物質上的供養，最重要的還是顧念父母的感受。為了不讓父母傷心難過，為人子女做任何事都不可太「自我中心」。有時候，就是多了這一點考慮和顧念，我們便不會因一時衝動而犯錯。

三才章第七

本篇導讀——

所謂「三才」，是指天、地、人。在《易經・繫辭下》曾寫道：「有天道焉，有人道焉，有地道焉，兼三才而兩之。」本篇上承「五孝」的論述，再次利用「宇宙秩序」作類比，重申「孝」的「絕對性」和「貫通性」。就「絕對性」而言，本篇確立了「孝道」的終極根據，說明「行孝」是「天經地義」的，是不可改變的。就「貫通性」而言，君王以「孝」治天下，就是仿效天地，順應既定的規律，把宇宙的秩序和生命力體現於人類社會之中，使天、地、人三者貫通無礙，達到一個圓滿和諧的境界。

簡言之，讀〈三才章第七〉的時候，我們不僅會更深入地體會「宇宙」與「社會」如何貫通，同時亦會明白儒家「德治」理論的根源所在。

曾子曰：「甚哉，孝之大也！」子曰：「夫孝，天之經也[1]，地之義也[2]，民之行也[3]。天地之經，而民是則之[4]。則天之明，因地之利，以順天下。是以其教不肅而成[5]，其政不嚴而治。先王見教之可以化民也，是故先之以博愛，而民莫遺其親；陳之以德義，而民興行。先之以敬讓，而民不爭；導之以禮樂，而民和睦；示之以好惡，而民知禁。《詩》云：『赫赫師尹，民具爾瞻[6]。』」

注釋

1 天之經：天空日月、星辰的運行規律。
2 地之義：大地化育，繁衍萬物的法則。
3 民之行：指孝道是人類眾多德行中最根本的。
4 則：效法，作為準則。
5 肅：指嚴厲的統治手段。
6 「赫赫師尹」兩句：語出《詩經．小雅．節南山》。

譯文

曾子說：「多麼博大精深啊，孝道太偉大了！」孔子說：「孝道，猶如天有它的規律一樣，日月星辰的更迭運行有着永恆不變的法則；猶如地有它的規律一樣，山川湖澤提供物產之利有着合乎道理的法則；孝道是人的一切品行中最根本的品行，是人民必須遵循的道德，人間永恆不變的法則。天地嚴格地按照它的規律運動，人民以它們為典範實行孝道。效法天上的日月星辰，遵循那不可變易的規律；憑藉地上的山川湖澤，獲取賴以生存的便利，因勢利導地治理天下。因此，對人民的教化，不需要採用嚴肅的手段就能獲得成功；對人民的管理，不需要採用嚴厲的辦法就能治理得好。先代的聖王看到通過教育可以感化人民，所以親自帶頭，實行博愛，於是，就沒有人會遺棄自己的雙親；向人民講述德義，於是，人民覺悟了，就會主動地起來實行德義。先代的聖王親自帶頭，尊敬別人，謙恭讓人，於是，人民就不會互相爭鬥搶奪；制定了禮儀和音樂，引導和教育人民，於是，人民就能和睦相處；向人民宣傳什麼是好的，什麼是壞的，人民能夠辨別好壞，就不會違犯禁令。《詩經・小雅・節南山》裏說：『威嚴顯赫的太師尹氏啊，人民都在仰望着你啊！』」

賞析與點評

在西方基督教的語境裏，天地萬物（包括人類）都是上帝創造的。誠然，在萬物之中，「人」

是照上帝的形像所造的，所以人是「尊貴」的，是上帝在地上的「代理人」。相對而言，天、地、萬物都是次等的，是為人所用的「受造物」。反觀，在中國儒家的視角下，天、地、萬物和人的關係卻不一樣。儒家認為天地對人類是有生養之恩，《易經・繫辭下》明言：「天地之大德曰生」。這就是說人若缺少了天、地、萬物的供養是不能生存的。人在對天地心存感恩與敬畏的同時，也應仿效天地，行博愛，守德義，延續天地的「生生之德」。

在天、地、人的框架裏，天生人，地養人。人處身於茫茫天地之中，也會不卑不亢，順天地之道，發揮人性的光明面——愛其親，行其義，敬讓不爭，共建和諧的國度。如此這般，天地生養了人，人也就是天地之德。最後，便可以達成《中庸》所謂「贊天地之化育，則可以與天地參矣。」即人參與天地生養萬物的工程，又與天地並列的境界。在中國儒家的論述中，個人既不是上帝的「代理人」，也不是卑微的「受造物」。而是參與共建和諧國度的能動者。就此而論，天地與人，人與天地的關係，也會變得密不可分，互動互通了。

「夫孝，天之經也，地之義也，民之行也。」通常解講此句時，大家都着眼於「孝」是「天經地義」的「絕對命令」，但往往會忽略在這不可易的法規之下，同時蘊含了「生生不息」的創生意義。

孝治章第八

本篇導讀——

「孝治」，即以孝治天下。本篇上承前一章，進一步說明天子、諸侯、卿、大夫如何以孝道治理天下國家。簡言之，「孝治」的重點有二：一是「不敢」，二是「歡心」。就施政者而言，明白「不敢」，才可以得到人民的「歡心」，才可以把家、國、天下治理好。最後，本篇揭示了中國儒家傳統的政治理念。所謂「治天下」者，要使生有所養，死有所享，這樣便可以使上下無怨。若能順應天時，便可以避免災害，使鬼神不降災禍。以上種種都是「孝治」的效果。

子曰：「昔者明王之以孝治天下也，不敢遺小國之臣，而況於公、侯、伯、子、男乎？故得萬國之歡心，以事其先王[1]。治國者，不敢侮於鰥寡，而況於士民乎？故得百姓之歡心，以事其先君[2]。治家者，不敢失於臣妾[3]，而況於妻子乎？故得人之歡心，以事其親[4]。夫然，故生則親安之，祭則鬼享之，是以天下和平，災害不生，禍亂不作。故明王之以孝治天下也如此。《詩》云：『有覺德行，四國順之[5]。』」

注釋

1 先王：指天子已故的父祖。

2 先君：指諸侯已故的父祖。

3 臣妾：指家內的奴隸，男性奴隸曰臣，女性奴隸曰妾。也泛指卑賤者。

4 其親：指卿、大夫的雙親。

5 「有覺德行」兩句：語出《詩經・大雅・抑》。

譯文

孔子說：「從前，聖明的帝王以孝道治理天下，就連小國的使臣都待之以禮，不敢遺忘與疏忽，何況對公、侯、伯、子、男這些諸侯呢！所以，就得到了各國諸侯的愛戴和擁護，他們都幫助天子籌備祭典，參加祭祀先王的典禮。治理封國的諸侯，就連鰥夫和寡婦都待之以禮，不敢輕慢和欺侮，何況對士人和平民呢！所以，就得到了百姓們的愛戴和擁護，他們都幫助諸侯籌備祭典，參加祭祀先君的典禮。治理采邑的卿、大夫，就連奴婢僮僕都待之以禮，不敢使他們失望，何況對妻子、兒女呢！所以，就得到大家的愛戴和擁護，大家都齊心協力地幫助主人，奉養他們的雙親。正因為這樣，所以父母在世的時候，能夠過着安樂寧靜的生活；父母去世以後，靈魂能夠安享祭奠。正因為如此，所以天下和和平平，沒有風雨、水旱之類的天災，也沒有反叛、暴亂之類的人禍。聖明的帝王以孝道治理天下，就會出現這樣的太平盛世。《詩經》裏說：『天子有偉大的道德和品行，四方之國無不仰慕歸順。』」

賞析與點評

亞里斯多德（Aristotle，前 384 至前 323）目睹雅典衰落，便派學生收集了數十個希臘城邦的資料，完成了《政治學》一書，企圖建立一套完善的、穩定的政治體系。所以在西方的政治傳統中，政治制度的屬性如何，正是大家所關注的。與此不同，在中國的政治傳統中，所關注的是統治者的個人品德，及其在政治領域中的實踐問題。所謂「孝治」，就是說統治者（不論是天子、諸侯、卿、大夫）需要持守一顆「不敢之心」來治理所屬之地。什麼是「不敢之心」呢？《論語・顏淵》記載：「仲弓問仁。子曰：『出門如見大賓，使民如承大祭。』」孔子說，在上位的人行事要時刻保持謹慎，常存一種敬畏神靈的心態。孔子所說的這段話，可以成為「不敢之心」的參照，而「不敢之心」可以說是統治者治理天下國家的成敗關鍵。其實，在現今的社會，「不敢之心」不僅對當政者有參考價值，對普羅大眾來說也是蠻有意思的。如上所言，所謂「不敢之心」，其實就是我們在待處事人的時候，一種「謹慎」和「敬畏」的態度。這種心態是源於我們內心敬仰天地的宗教感情。只要曉得「不敢」的真義，我們才會懂得節制「自我」，才會明白很多時候，許多的災禍都是人類「自以為是」所帶來的惡果。

篇中言：「生則親安之，祭則鬼享之，是以天下和平，災害不生，禍亂不作。」我們或許會問：「為什麼以孝治天下，能夠使災害不生，禍亂不作？」其實，道理很顯淺，因為有許多天災（如颶風）人禍（如戰爭）都是源於人類無盡的慾念。慾念使人不斷攫取身邊資源，永無終止，由攫取不屬任何人的公共資源，漸次剝奪、侵吞別人的私有財產，最終，會不擇手段，殘人以自肥，傷害無辜。但「孝」將人與人關係的紐帶一下子提升至超越時間、跨越空間的地位，令在上者對在下者的關懷與尊重得以極大化。若人間社會由高至低層層也如此，天下何愁不太平？

聖治章第九

本篇導論——

所謂「聖治」，就是聖人以孝治理天下之道。在中國的傳統文化裏，所謂「聖人」，即是指才德兼備，完美無瑕的人。本章借西周聖人周公旦行郊祀之祭為例，闡明行「孝」乃人的本性。又指出聖人「孝治」之所以成功，乃是聖人能夠因應人性的本然之故。接着，作者再以君子的言行舉止為例，進一步說明「孝治」的原則：敬愛父母，躬身行孝，作人民的榜樣。如此這般，自然就能夠成就「孝治」。

曾子曰：「敢問聖人之德，無以加於孝乎？」

子曰：「天地之性[1]，人為貴。人之行，莫大於孝。孝莫大於嚴父，嚴父莫大於配天[2]，則周公其人也[3]。昔者，周公郊祀后稷以配天[4]，宗祀文王於明堂[5]，以配上帝。是以四海之內，各以其職來祭。夫聖人之德，又何以加於孝乎？故親生之膝下[6]，以養父母日嚴[7]。聖人因嚴以教敬[8]，因親以教愛。聖人之教，不肅而成，其政不嚴而治，其所因者本也。父子之道，天性也，君臣之義也。父母生之，續莫大焉。君親臨之，厚莫重焉。故不愛其親而愛他人者，謂之悖德；不敬其親而敬他人者，謂之悖禮。以順則逆[9]，民無則焉。不在於善，而皆在於凶德，雖得之，君子不貴也[10]。君子則不然，言思可道，行思可樂，德義可尊，作事可法，容止可觀，進退可度，以臨其民。是以其民畏而愛之，則而象之。故能成其德教，而行其政令。《詩》云：『淑人君子，其儀不忒[11]。』」

注釋

1 性：指萬物得諸上天的稟賦。

2 配天：根據周代禮制，每年冬至要在國都郊外祭天，並附帶祭祀父祖先輩，這就叫做以父配天之禮。

3 則周公其人也：以父配天之禮，由周公始定。

4 郊祀：帝王在國都郊外祭祀天帝。后稷：名棄，為周人始祖。

5 明堂：古代帝王布政及舉行祭祀、朝會、慶賞、選士等典禮的地方。

6 膝下：指幼年。

7 日嚴：日益尊崇。

8 因嚴以教敬：聖人憑依人對父母尊敬之心，教人「敬」的道理。

9 以順則逆：是「以之順天下則逆」的省略，意思是如果用「悖德」和「悖禮」來教化人民，治理人民，就會把一切都弄顛倒。

10 不貴：即鄙視，厭惡。

11 「淑人君子」兩句：語出《詩經·曹風·鳲鳩》。

譯文

曾子說：「請允許我冒昧地提個問題，聖人的德行中，難道就沒有比孝行更為重要的嗎？」

孔子說：「天地之間的萬物生靈，只有人最為尊貴。人的各種品行中，沒有比孝行更加偉大的了。孝行之中，沒有比尊敬父親更加重要的了。對父親的尊敬，沒有比在祭天時以父祖先輩配祀更加重要的了。祭天時以父祖先輩配祀，始於周公。從前，成王年幼，周公攝政，周公在國都郊外圜丘上祭天時，以周族的始祖后稷配祀天帝；在聚族進行明堂祭祀時，以父親文王配祀上帝。所以，四海之內各地的諸侯都克盡職守，貢納各地的特產，協助天子祭祀先王。聖人的德行，又還有哪一種能比孝行更為重要的呢！子女對父母的親愛之心，產生於幼年時期；待到長大成人，奉養父母，便日益懂得了對父母的尊敬。聖人根據子女對父母的尊崇的天性，引導他們敬父母；根據子女對父母的親近的天性，教導他們愛父母。聖人教化人民，不需要採取嚴厲的手段就能獲得成功；他對人民的統治，不需要採用嚴厲的辦法就能管理得很好。這正是由於他能根據人的本性，以孝道去引導人民。父子之間的關係，體現了人類天生的本性，同時也體現了君臣關係的義理。父母生下兒子，使兒子得以上繼祖宗，下續子孫，這就是父母對子女的最大恩情。父親對於兒子，兼具君王和父親的雙重身份，既有為父的親情，又有為君的尊嚴，父子關係的厚重，沒有任何關係能夠超過。如果做兒子的不愛自己的雙親而去愛其他人，這就叫做違背道德；如果做兒子的不尊敬自己的雙親而去尊敬其他人，這就叫做違背禮法。如果有人用違背道德和違背禮法去教化人民，讓人民順從，那就會是非顛倒；人民將無所適從，不知道該效法什麼。如果不能用善行，帶頭行孝，教化天下，而用違背道德的手段統治天下，雖然也有可能一時得志，君子也鄙夷不屑，不會讚賞。君子就不是那樣的，他們說話，要考慮說的話能得到人民的支援，被人民稱道；他們做事，要考慮行為舉動能使人民高興；他們的道德和品行，要考慮能受到人民的尊敬；他們從事製作或建造，要考慮能成為人民的典範；他們的儀態容貌，要考慮得到人民的稱讚；他們的動靜進退，要考慮合乎規矩法度。如果君王能夠像這樣來統領人民，管理人民，那麼人民就會敬畏他，愛戴他；就會以他為榜樣，仿效他，學習他。因此，就能夠順利地推行道德教育，使政令順暢地貫徹執行。《詩經・曹風・鳲鳩》裏說：『善人君子，最講禮儀；容貌舉止，毫無差池。』」

賞析與點評

有人問：「為什麼我們要孝順父母呢？」《孝經・聖治》章告訴我們：人類的兩種基本情感，「愛」與「敬」構成了「孝」。「愛」是父母與子女之間的「親情」，「親情」本於父母哺育子女，子女親近父母的「自然本性」；而「敬」則是我們對天地、先祖和父母的感激之情。我們感激賜予我們生命的「他者」，因為我們知道沒有這一切，我們的「生命」便無從說起。所以，「孝」是植根於子女與父母的「愛」，也是源於「生命之源」的「敬」。可以說，「愛」與「敬」是人的天性，而聖人亦順應了「天性」以「孝」治天下。很多時候，談到「以孝治天下」，我們總會把「孝」與「父／君權絕對化」連在一起。其實，如本章所言：「父子之道，天性也，君臣之義也。」，當中所講的「君臣之道」是蛻變自「父子之道」，而所謂「父子之道」的政治演繹，不僅要求在下位者要敬順在上位者，而是在此之先，在上位者必須「言思可道，行思可樂，德義可尊，作事可法，容止可觀，進退可度」。有了這先決條件，人民才會信服，才會遵從，如此「孝治」才會成功。

「莫大於孝。孝莫大於嚴父，嚴父莫大於配天。」曾幾何時，「嚴父配天」被視為「君權、父權」的最終根據。其實，「以父配天」之祭是「反本報始」感情的「儀式化過程」，是古人藉着祭天向眾人宣示天地、先祖對在世者的恩德。可惜，今天，很多人已忘卻一切，把「生命」視為「必然」，既不曉得「感恩」，更不懂得「珍惜」。

紀孝行章第十

本篇導讀——

所謂「紀孝行」，便是記錄孝行，而孝行就是實踐孝道的表現。本章分別從積極和消極兩面講「孝行」的準則，其中可概括為「五要」和「三不」。「五要」就是：一、平常事奉父母時要恭敬；二、贍養父母要流露出喜樂；三、父母抱病時要憂心忡忡；四、父母辭世則神情哀傷；五、在致祭時要崇敬肅穆。「三不」是：一、處於上位時不要驕傲；二、處於下位時不要反叛；三、處於卑賤之位時不要互相爭鬥。以上的「五要」和「三不」，並不單純要求孝子「做」什麼，和「不要做」什麼，而是點出了「孝」的「內在要求」。

子曰：「孝子之事親也，居則致其敬[1]，養則致其樂，病則致其憂，喪則致其哀，祭則致其嚴[2]，五者備矣，然後能事親。事親者，居上不驕，為下不亂，在醜不爭[3]。居上而驕則亡，為下而亂則刑，在醜而爭則兵。三者不除，雖日用三牲之養，猶為不孝也[4]。」

注釋

1 居：平日家居。致：盡。

2 嚴：肅穆的意思。

3 在醜：指處於低賤地位的人。

4 三牲：指宴會或祭祀用的牛、羊、豕。

譯文

孔子說：「孝子奉事雙親，日常家居，要充分地表達出對父母的恭敬；供奉飲食，要充分地表達出照顧父母的快樂；父母生病時，要充分地表達出對父母健康的憂慮關切；父母去世時，要充分地表達出悲傷哀痛；祭祀的時候，要充分地表達出敬仰肅穆，這五個方面都能做齊全了，才算是奉事雙親盡孝道。奉事雙親，身居高位，不驕傲恣肆；為人臣下，不犯上作亂；地位卑賤，不相互爭鬥。身居高位而驕傲恣肆，就會滅亡；為人臣下而犯上作亂，就會受到刑戮；地位卑賤而爭鬥不休，就會動用兵器，相互殘殺。如果這三種行為不能去除，即使天天用備有牛、羊、豬三牲的美味佳肴來奉養雙親，那也不能算是行孝啊！」

賞析與點評

談到「孝」，孔子曾說：「今之孝者，是謂能養。至於犬馬，皆能有養；不敬，何以別乎？」（《論語・為政》）什麼是「不敬」？「敬」與「不敬」都是我們「心理狀態」的反映。由此可見，儒家講「孝」，不在乎我們做了什麼，或是不做什麼，而是在乎我們「心理狀態」如何。譬如本章的「五要」，扼要地從「事生」和「事死」兩方面講孝道的實踐，準確地講，應當是我們和父母相處時，身處不同處境所持有的不同態度。讀這篇章的時候，我們可能會覺得奇怪，因為作者提醒我們，孝順父母就是「居則敬」、「養則樂」、「病則憂」、「死則哀」、「祭則嚴」，以上一切，不是「人之常情」嗎？既是「人之常情」，又何須如此鄭重，另起一章來講。

其實，本章所講的道理很簡單，但實踐起來卻不容易。因為《孝經・紀孝行》要求我們把「我」放在次要的位置，而把「父母」放在首位。很多時候，父母為了子女放棄自己的工作、事業和理想，是我們常有所聞的——當然，也不是必然的。然而，為人子女的，我們又有否把父母的需要放在第一位呢？就如「養則致其樂」，指的是我們對父母要和顏悅色，不要把自己的負面情緒發泄在父母身上，但試問這一點又有多少人能夠做得到呢？又如「三不」所說的「居上不驕，為下不亂，在醜不爭」，也提醒我們凡事不可只以「我」為中心，還要在父母的角度想。在「個人主義」盛行的今天，要把「自我」放下談何容易，似乎古人就此不厭其煩的講，是不無道理的。

「居上而驕則亡，為下而亂則刑，在醜而爭則兵。三者不除，雖日用三牲之養，猶為不孝也。」所謂「孝道」，並不是以物質生活的豐裕和貧乏來衡量的。若要盡孝，我們便要讓父母生活得「安心」。父母的「安心」則是源於子女生活的「安好」。

五刑章第十一

本篇導讀——

「五刑」，是古代的五種刑罰。本章篇幅短少，主要講述什麼是「大不孝」。

所謂「大不孝」，當然是指子女侍奉父母上行為的偏差，但原來藐視和非議君主和聖人也被視為「不孝」。《孝經》的作者認為：「不孝」不是個人的事，而是國家動亂的根源所在。

子曰：「五刑之屬三千[1]，而罪莫大於不孝。要君者無上[2]，非聖者無法[3]，非孝者無親[4]。此大亂之道也[5]。」

注釋

1 五刑：指包括墨、劓、剕、宮、大辟等五種刑罰。

2 要（粵：腰；普：yāo）：以暴力要脅、威脅。無上：反對或侵淩君長。

3 非：責難反對，不以為然。無法：藐視法紀。

4 無親：藐視父母，即對父母沒有親愛之心。

5 此：指「無上」、「無法」、「無親」三者。道：根源之意。

譯文

孔子說：「應當處以墨、劓、刖、宮、大辟五種刑法的罪有三千種，最嚴重的罪是不孝。以暴力威脅君王的人，叫做目無君王；非難、反對聖人的人，叫做目無法紀；非難、反對孝行的人，叫做目無父母。這三種人，是造成天下大亂的根源。」

賞析與點評

我們發現不論是在亞洲，還是歐洲，法律通常都會抹上神聖的色彩。但在中國的儒家傳統裏，「刑」或「法」卻是「邪惡」的象徵。據《呂刑》記載，「刑法」的出現源於蚩尤作亂，人民為非作歹，於是蚩尤的後代苗民用「五虐之刑」來管治人民。因為無辜入罪的人越來越多，所以人民紛紛向上天祈禱。最後，上帝滅絕了三苗，使苗族不再傳國。孔子就曾明明白白的說：「道之以政，齊之以刑，民免而無恥；道之以德，齊之以禮，有恥且格。」（《論語．為政》）。所以〈五刑章〉的主旨並不是「刑」，而是提醒大家「要君」、「非聖」、「非孝」是國家「大亂」的根源。在君主專制的年代，「要君」當然是不可原諒的，但今天「非聖」和「非孝」又與社會穩定有什麼關係呢？所謂「非聖」，是指反對傳統，藐視社會規範，而「非孝」就是指目無父母。試想一想，如果社會上的每一個人都無視社會傳統和規範，又不去考慮父母、親人的感受，大家純粹依「自己的意志」行事，那樣的社會最終會變成怎樣？無怪《孝經》的作者說：「此大亂之道也」。

廣要道章第十二

本篇導讀——

從〈廣要道章〉到〈廣揚名章〉，都是對〈開宗明義章〉：「先王有至德要道」和「立身行道，揚名於後世」的回應。所謂「廣」，是「推廣」的意思。「要道」，在這裏指「關鍵的道理」。本章從孝、悌、禮、樂四方面，講述國君治國之道。治國者教民以「孝」，是希望人民相親相愛；教民以「悌」，是要人民遵從禮義，順從長上；教民以「樂」，是想改變不良的社會風氣和舊俗；教民以「禮」，是要使國君安心，民眾得到治理。如此說來，孝、悌、禮、樂豈不成為了「治國的工具」？但當我們繼續讀下去，便會發現本章的主旨，不在上述四者，而是在於一個「敬」字。「敬」才是「要道」。

子曰：「教民親愛，莫善於孝。教民禮順，莫善於悌。移風易俗，莫善於樂。安上治民，莫善於禮。禮者，敬而已矣。故敬其父，則子悅；敬其兄，則弟悅；敬其君，則臣悅；敬一人[1]，而千萬人悅。所敬者寡，而悅者眾。此之謂要道矣。」

注釋

1 一人：指上文的父、兄、君。

譯文

孔子說：「教育人民相親相愛，再沒有比孝道更好的了；教育人民講禮貌，知順從，再沒有比悌道更好的了；要改變舊習俗，樹立新風尚，再沒有比音樂更好的了；使國家安定，人民馴服，再沒有比禮教更好的了。所謂禮教，歸根結底就是一個『敬』字而已。因此，尊敬他的父親，兒子就會高興；尊敬他的哥哥，弟弟就會高興；尊敬他的君王，臣子就會高興。尊敬一個人，而千千萬萬的人感到高興。所尊敬的雖然只是少數人，而感到高興的卻是許許多多的人。這就是把推行孝道稱為『要道』的理由啊！」

〈廣要道章〉，顧名思義就是推廣「治國之要道」。從西方的政治學角度而言，國家的治亂和政治制度的優劣關係直接；但從中國傳統的儒家學說而言，一國的興衰卻與治國者的品德成正比。就如本章講治國之道，不講制度，而是講述蘊涵倫理意義的「敬」字。在上古時期，對先民而言，上天下地，日月山川，禽獸草木，可以說是又愛又恨。大自然既是先民賴以生存的「父母」，又是隨時可以奪取他們生命的「惡魔」。於是先民把這種愛恨交織的情緒投放在不同的「祭祀」儀式之中，而「敬」亦由此而生。後來，中國儒家把這種人類源於對自然環境的「敬畏之情」，轉化為對人的「倫理約束」。說到「敬」，我們習慣教導孩子尊敬父母、兄長和長輩。但本章講的「敬」，不是從下而上的，而是指在上位者的「敬」。從來「居上敬下」是一件不容易的事，《孝經》的作者說國君如想其位安穩，便必須懂得「敬」，「敬」是指對人「禮敬」的「心」，即是小心謹慎，不以己為先的「心」。若在上位者能夠如此，人民自然會心悅誠服，這樣便可以「安上治民」了。

「禮者，敬而已矣。」在社會層面而言，「禮」是人與人之間交往之必需。人長大後，慢慢會變得更「世故」，更懂得「待人以禮」。但古人提醒我們「禮」的真諦是「敬」，所以懂得「待人以敬」才是真正懂得「禮」之真義。

廣至德章第十三

本篇導讀——

如第一章所言，本經所謂的「至德」便是「美好的德行」。本章從統治者的角度出發，重申統治者應該「以身作則」遵行「孝道」，讓「孝道」在自己身上得到最大的體現。通過實踐「孝道」，好讓人民親自領會「父子之孝」、「兄弟之悌」和「君臣之敬」的道理。

子曰：「君子之教以孝也，非家至而日見之也。教以孝，所以敬天下之為人父者也[1]。教以悌，所以敬天下之為人兄者也。教以臣，所以敬天下之為人君者也[2]。《詩》云：『愷悌君子，民之父母[3]。』非至德，其孰能順民如此？其大者乎[4]！」

注釋

1 「教以孝」兩句：君子以身作則行孝悌之道，為天下做人子的做了表率，使他們都知道敬重父兄。

2 「教以臣」兩句：據〈孔傳〉說是天子在祭祀時，對「皇尸」行臣子之禮。皇，即先王。尸，是祭祀時由活人扮飾的受祭對象。天子通過祭祀行禮，做出尊敬君長、當好人臣的榜樣。

3 「愷悌君子」兩句：語出《詩經．大雅．泂酌》。愷悌，和樂安詳，平易近人。

4 其：指君子行孝。大：讚歎之詞。

譯文

孔子說：「君子以孝道教化人民，並不是要挨家挨戶都走到，天天當面去教人行孝。以孝道教育人民，使得天下做父親的都能受到尊敬；以悌道教育人民，使得天下做兄長的都能受到尊敬；以臣道教育人民，使得天下做君王的都能受到尊敬。《詩經．大雅．洞酌》裏說：『和樂平易的君子，是人民的父母。』如果沒有至高無上的道德，有誰能夠教化人民，使得人民順從歸化，創造這樣偉大的事業啊！」

賞析與點評

讀〈廣至德章〉，讓我們明白儒家講「教」，不是我們今天理解的"teaching"，而是要求施教者「以身為教」。即要求施教者要先實踐所教，樹立楷模，好讓受教者能有學習的典範。這便是孟子所說的：「身不行道，不行於妻子。使人不以道，不能行於妻子。」（《孟子．盡心下》）一個人如果未能做好自己，就是最親近的家人也無「教」可施。所以本章說：「君子之教以孝也，非家至而日見之也。」而是要求「君子」要有「至德」。由此可知，儒家講「教」，最重要是先要「喚醒」我們的「道德自覺」，再通過道德實踐去「感染」別人。反觀現代社會，很多時候，我們尋訪「名師」，第一要求就是看施教者的「證書」如何，「學歷」如何，原因是今天的所謂「教」，多強調「技能」的灌輸，而忽略「典範」的學習。當然，為了生活，我們絕不能否定學習各種「技能」的重要性，但與此同時，在求學的時候，我們也要明白「典範學習」是不可或缺的。職是之故，「教」的要注重自己的「言行」，「學」的也要體會施教者的「心意」。千萬不要把「學與教」變成純粹的「技能轉換」過程。

「教以孝，所以敬天下之為人父者也。教以悌，所以敬天下之為人兄者也。教以臣，所以敬天下之為人君者也。」人生在世，我們常常扮演着不同的「角色」。當社會的結構越複雜，我們的角色關係也會越紛繁交錯。所以很多人說生活就如在演戲，在不同時候，我們要換上不同的面具示人。久而久之，我們就好像失去了「真我」。其實，如上文所言，不論是為人子女、兄弟，還是下屬，可能應對之道不一樣，但我們心中所持的「敬」卻是一樣的。再推而廣之，當我們面對不同種族、不同地方、不同身份地位的人的時候，也不能失卻一份「互相尊重」的情意。當我們堅持心懷「敬」意，便不會隨俗而流，失去「真我」了。

廣揚名章第十四

本篇導讀——

〈開宗明義章第一〉說：「立身行道，揚名於後世」，本章的主旨便是要說明「立身行道」和「揚名後世」的關係。在儒家的角度言之，君子要「揚名後世」，一定先要事親孝、事兄悌、居家理。儒家認為，若君子能把這些「家內之事」做好，必然可以「名立於後世」。

子曰：「君子之事親孝，故忠可移於君[1]；事兄悌，故順可移於長；居家理[2]，故治可移於官。是以行成於內[3]，而名立於後世矣。」

注釋

1 「君子之事親孝」兩句：這裏是指君子對親能孝，必可對君能忠。

2 居家理：處理家事有條理。

3 行：指孝、悌、善於理家三種優良的品行。

譯文

孔子說：「君子奉事父母能盡孝道，因此能夠將對父母的孝心，移作奉事君王的忠心；奉事兄長知道服從，因此能夠將對兄長的服從，移作奉事官長的順從；管理家政有條有理，因此能夠把理家的經驗移於做官，用於辦理公務。所以，在家中養成了美好的品行道德，在外也必然會有美好的名聲，美好的名聲將流傳百世。」

賞析與點評

每當讀到「移孝作忠」的時候，我們總會痛恨萬分，痛恨在「家國同構」的政治體制下，儒家將「家庭倫理」與「政治倫理」強行互通，以達至「愚民」的效果。其實，當我們稍稍懂得中國歷史的發展，就會明白「移忠作孝」其來有自，並非純是「愚民思想」的產物。在古時候的中國，「邦」和「國」是一個依靠血緣關係組織而成的共同體（community）。在宗法性的社會結構下，「孝」和「悌」不僅是「家庭倫理」的道德要求，也不是個人修養的「私德」。因為儒家相信個人「私德」的修養，最後可以擴而充之，由個人、家庭、社會推至國家。所以孔子說：「孝慈則忠」，又引《尚書》說：「孝乎唯孝，友於兄弟，施於有政」。（《論語・為政》）或許我們會問：「孝悌」和「忠順」原來就是從屬於不同的範疇，它們又怎可以相提並論？是的，關於「情」與「義」的矛盾，很久以前，法家的韓非早已一語道破：「夫父之孝子，君之背臣也。」（《韓非子・五蠹》）我想儒家學者並非沒有考慮到「孝」和「忠」之間的矛盾，只是儒學以人性的感情心理作為出發點，以家庭成員的「愛」作為軸心和基礎，來建構社會的一切，包括倫理、政治和宗教。這種「情理交融」的結構，使「移孝作忠」由不可能變成可能，也使「個人私德修養」變得無比重要。所以，「移孝作忠」起碼在最初的時候，並不是一種「愚民工具」，而是儒家對「人性」抱樂觀態度的一種表現。

「是以行成於內，而名立於後世矣。」今天，大部分為人父母的，都懂得為子女的未來而籌算。由週一到週日，我們的孩子也被「強制學習」。不僅琴、棋、書、畫要懂，最好動靜皆宜，文武俱佳。可是很多時候，我們的孩子回到家中，卻缺乏了「家庭教育」。所謂「家庭教育」，是父母與子女共處的時候，父母的身體力行對子女想法、行為的影響。倘若孩子缺乏「恆常」的「家庭教育」，無論再多的「技能培訓」，也難以使他們「行成於內」，更遑論能「名立於後世」了。

諫諍章第十五

本篇導讀——

所謂「諫諍」，就是在下位者對在上位者的規勸。與其他篇章不同，〈諫諍章〉不從對父母的「敬愛」和「順從」講，反之，孔子與曾參的答問中，借天子、諸侯、大夫的必須有「爭臣」，以及士必須有「爭友」，說明「父有爭子」的重要。原來「行孝」就是對父母慈愛和恭敬，使父母活得安心，並為父母揚名。但當兒子陷於「孝」與「義」的兩難的時候，兒子應該如何自處？孔子告訴我們，當兒子碰到父親提出「不義」的要求，兒子一定要竭力勸諫，並且拒絕盲從。因為作兒子的曉得為父親着想才稱得上是「孝」。

曾子曰：「若夫慈愛、恭敬、安親、揚名[1]，則聞命矣。敢問子從父之令，可謂孝乎？」

子曰：「是何言與[2]！是何言與！昔者，天子有爭臣七人[3]，雖無道，不失其天下；諸侯有爭臣五人，雖無道，不失其國；大夫有爭臣三人，雖無道，不失其家；士有爭友，則身不離於令名[4]；父有爭子，則身不陷於不義。故當不義，則子不可以不爭於父；臣不可以不爭於君；故當不義則爭之。從父之令，又焉得為孝乎！」

注釋

1 若夫：句首語氣詞，用於引起下文。

2 是何言與：「是」，指示代詞，指「子從父令可謂孝」。

3 爭臣：敢於直言規勸的臣僚。「爭」通「諍」。

4 令名：好名聲。令，善，美好。

譯文

曾子說：「諸如愛親、敬親、安親、揚名於後世等等，已聽過了老師的教誨，現在我想請教的是，做兒子的能夠聽從父親的命令，這可不可以稱為孝呢？」

孔子說：「這算是什麼話呢！這算是什麼話呢！從前，天子身邊有敢於直言勸諫的大臣七人，天子雖然無道，還是不至於失去天下；諸侯身邊有敢於直言勸諫的大臣五人，諸侯雖然無道，還是不至於亡國；大夫身邊有敢於直言勸諫的家臣三人，大夫雖然無道，還是不至於丟掉封邑；士身邊有敢於直言勸諫的朋友，那麼他就能保持美好的名聲；父親身邊有敢於直言勸諫的兒子，那麼他就不會陷入錯誤之中，幹出不義的事情。所以，如果父親有不義的行為，做兒子的不能夠不去勸諫；如果君王有不義的行為，做臣僚的不能夠不去勸諫；面對不義的行為，一定要勸諫。做兒子的能夠聽從父親的命令，又哪裏能算得上是孝呢！」

賞析與點評

本章主旨是「爭」。「爭」，就是「諍」的意思。在古時候的中國，「諫諍」並不是一件容易的事。西漢劉向在《説苑・臣術》說：「有能諫言於君，用則留之，不用則去之，謂之諫；用則可生，不用則死，謂之諍。」由此可見，臣下勸諫君主隨時會丟官，甚或會喪命。今天，我們不用面對專權的君主，不用怕丟官喪命，但當面對上司抑或父母做一些「不義之事」時，又能否做一位敢於「爭」的人？一直以來，中國社會都是講關係和講人情的，不要說是父母和上司，就是對朋友提出規勸也不是一件容易的事。因為「忠言逆耳」，一旦「忠言」出口，弄得不好便會破壞大家的「關係」。若大家處於「平行」的位置還好，但如果雙方處於「從屬關係」就更令人為難了。然而，孔子強調「故當不義則爭之」，一方面，要我們明白「義」比「情」重要；另一方面，要說明堅守「道德責任」，是我們行孝時不可或缺的一環。

「從父之令，又焉得為孝乎！」有時候，中國人總愛子女對自己唯唯諾諾，但我們也要明白子女的「不從父令」，未必一定是壞事。特別是被子女進「忠言」的時候，父母也想一想自己是否真的出了問題。當然，子女規勸父母的態度也必須恰如其分。

感應章第十六

本篇導讀——

感應，指上天、神靈與人之間的互相呼應。本章從漢代流行的「天人感應」思想出發，說明天子誠心行孝，便能與天、地、神靈和祖先互相感化和呼應。本章認為，聖明之君主能事父母以「孝」，故必定可以盡心誠意地祭祀天地。同時，天地神明洞察明主的孝心，所以便會降下福祐。接着，作者再次重申，雖然天子有無上的權威，但必須敬天祭祖，不忘先人的恩情；亦要修身慎行，免得有辱先人的名聲。若天子能履行孝悌，定可感動神明，感化天下。

子曰：「昔者，明王事父孝，故事天明[1]；事母孝，故事地察[2]；長幼順，故上下治[3]。天地明察，神明彰矣。故雖天子，必有尊也，言有父也；必有先也，言有兄也。宗廟致敬，不忘親也。修身慎行，恐辱先也。宗廟致敬，鬼神著矣[4]。孝悌之至，通於神明，光於四海[5]，無所不通。《詩》云：『自西自東，自南自北，無思不服[6]。』」

注釋

1「明王事父孝」二句：明王能夠孝順地奉事父親，也就能夠虔敬地奉事天帝，祭祀天帝，天帝能夠感受，能夠明瞭孝子的敬愛之心。

2「事母孝」二句：明王能夠孝順地奉事母親，也就能夠虔敬地奉事地神，祭祀地神，地神能夠感受，能夠清楚孝子的敬愛之心。

3 上下治：指社會上尊卑上下的關係都處理得很好。

4 著：一說昭著之意（粵：住；普：zhù），指神靈顯著彰明。一說，就位、附着之意（粵：着；普：zhuó）。指鬼魂歸附宗廟，不為凶厲，從而祐護後人。

5 光：通「橫」，充滿，塞滿的意思。

6「自西自東」兩句：語出《詩經・大雅・文王有聲》。思，語氣詞，無義。不服，不服從。

譯文

孔子說：「從前，聖明的天子，奉事父親非常孝順，所以也能虔敬地奉祀天帝，而天帝也能明瞭他的孝敬之心；他奉事母親非常孝順，所以也能虔敬地奉祀地神，而地神也能洞察他的孝敬之心；他能夠使長輩與晚輩的關係和順融洽，所以上上下下太平無事。天地之神明察天子的孝行，就會顯現神靈，降下福祐。雖然天子地位尊貴，但是必定還有尊於他的人，那就是他的父輩；必定還有長於他的人，那就是他的兄輩。在宗廟舉行祭祀，充分地表達對先祖的崇高敬意，這是表示永不忘記先人的恩情。重視修養道德，行為謹慎小心，這是害怕自己出現過錯，玷辱先祖的榮譽。在宗廟祭祀時充分地表達出對先人的至誠敬意，先祖的靈魂就會來到廟堂，享用祭奠，顯靈賜福。真正能夠把孝敬父母、順從兄長之道做得盡善盡美，就會感動天地之神；這偉大的孝道，將充塞於天下，磅礴於四海，沒有任何一個地方它不能達到，沒有任何一個問題它不能解決。《詩經》裏說：『從西、從東、從南、從北，東南西北，四面八方，沒有人不肯歸順、服從！』」

賞析與點評

本章從「天人感應」和「政治效益」的關係出發，勸說君主要謹慎修德，恪守孝悌之道，遵行以「孝治天下」的理念。如前章而言，「孝治天下」不僅要求在下位者對上位者的「敬順」，同時上位者也要心存「愛」與「敬」來治國理民。然而，在君主專制的時代，一國之君身居權力之頂峰，我們很難要求君主必須履行以「孝治天下」。所以漢代的儒家就利用「天人感應」之說，企圖限制無上的君主權力。今天，我們已經可以通過憲法、議會和選舉制度制約施政者。「天人感應」之說看似無稽，甚至已經成為「笑話」。其實，「天人感應」之說乃是緣自先秦時代「同類相應」的思想。《周易・中孚》說：「鳴鶴在蔭，其子和之。」意思是鶴在林蔭深處鳴叫，牠的兒子聽到叫聲便會和應。古人相信「同聲相應，同氣相求」（《周易・乾》）所以，「天人感應」之所以成立，是因為「天」（包括上天、下地、宇宙萬物）和「人」是「同類」。在中國醫學的理論裏，特別注意季節變化與身體健康的關係，那就是「同類相應」思想的體現。如今，我們當然不會把大雨、冰雹、風暴、地震，與人的行為掛鈎，但我們要明白，在「天人感應」的背後，既包含「同類相應」思想，而在「同類相應」裏，則蘊含天與人「血脈相連」的「情」。所以「天人感應」的意義，不再是災難和異常事件對人類的警惕，而是讓我們重新體味「天」和「人」的「血脈之情」。

「孝悌之至，通於神明，光於四海，無所不通。」在傳統的中國社會，「孝行」時常會得到褒揚，而「孝感動天」更是最高的榮譽。若撇開迷信的一面，「孝感動天」實際上是賦予「孝行」神聖的意義。「孝行」之所以神聖，是因為個人在實踐孝道至極的同時，亦是把人性光輝的一面作最大的發揮，那樣儒家的理想人格便得以成就。

事君章第十七

本篇導讀——

本章主旨說明君子事奉君主的原則。在政治上，君子最大的責任是協助君主推行善政，並糾正君主的過失。這一章寥寥數語，已經讓我們明白到為人臣者，不論在任何時候也要為國事盡心，興利去弊。這樣說來，君子為政並不是為一家一姓作奴才，而是為天下萬民作牛馬。

子曰：「君子之事上也，進思盡忠，退思補過，將順其美[1]，匡救其惡，故上下能相親也。《詩》云：『心乎愛矣，遐不謂矣。中心藏之，何日忘之[2]？』」

注釋

1 將順其美：這裏是說君王的政令、政教是正確的、美好的，那麼就順從地去執行。將，執行，實行。

2 「心乎愛矣」四句：語出《詩經．小雅．隰桑》。原詩相傳是一首人民懷念有德行的君子的作品。這幾句詩說，儘管心中熱愛他，卻因為相隔得太遠，無法告訴他，只好把熱愛之情藏在心中，不論何日何時都不會忘記。遐，遠。

譯文

孔子說：「君子奉事君王，在朝廷之中，盡忠竭力，謀劃國事；回到家裏，考慮補救君王的過失。君王的政令是正確的，就遵照執行，堅決服從；君王的行為有了過錯，就設法制止，加以糾正。君臣之間同心同德，所以，上上下下能夠相親相愛。《詩經》裏說：『心中洋溢着熱愛之情，相距太遠不能傾訴。心間珍藏，心底深藏，無論何時，永遠不忘！』」

在古代中國，「事君」對讀書人而言十分重要。所以《孝經》開首就說：「夫孝，始於事親，中於事君，終於立身。」（〈開宗明義章〉）。至於讀書人要怎樣「事君」才算是恰當呢？《孝經》又說：「以孝事君則忠」（〈士章〉）。所謂「忠」，講求的不是絕對服從，而是要有監察和糾正君主的「道德勇氣」，像〈諫諍章〉所說的「爭臣」就是「忠臣」的典範。故此，要做一位「忠臣」，需要的不是為君、為國捨身的「英雄氣慨」，而是一顆「匡國為民」的心。今天，雖然我們不用講「事君」、「忠君」，但我們相信，做人處事一個「忠」字還是不可或缺的。因為「忠」字除了「盡心盡力」，還包含「忠誠」之義，所以就算不用「事君」，我們待人和處事還是應該把握一個「忠」字為宗旨。

「進思盡忠，退思補過。」面對上司，我們要做到「盡忠」已經不易，要做到「補過」則更難。因為「盡忠」雖然要賣力，又要竭誠盡心，但畢竟也是自己的事；至於「補過」則不僅進言者要有「勇氣」，還要有進言的「技巧」，而更重要的考慮是上司納言的氣量如何。如此「八字真言」可謂「知易行難」。

喪親章第十八

本篇導讀——

生與死是人生的大事，所以儒家的孝道注重安養父母之餘，也重視對父母死後的行孝細節。本章分三部分，其一是說明父母過世，子女應該有的言談舉止、衣着服飾和日用飲食的態度。同時，也說明節哀的限制和原因。其二說明子女處理喪事，立廟祭祀的規範和原因。其三是全書的總結，指出子女對父母的孝道，全在「生事愛敬，死事哀慼」八字。

子曰：「孝子之喪親也，哭不偯[1]，禮無容[2]，言不文[3]，服美不安，聞樂不樂，食旨不甘，此哀戚之情也。三日而食，教民無以死傷生。毀不滅性[4]，此聖人之政也。喪不過三年，示民有終也。為之棺、槨、衣、衾而舉之[5]；陳其簠、簋而哀戚之[6]；擗踴哭泣[7]，哀以送之；卜其宅兆[8]，而安措之；為之宗廟，以鬼享之；春秋祭祀，以時思之。生事愛敬，死事哀戚，生民之本盡矣，死生之義備矣，孝子之事親終矣。」

注釋

1 不偯（粵：綺；普：yǐ）：是指哭的時候，哭聲隨氣息用盡而自然停止，不能有拖腔拖調，使得尾聲曲折、綿長。偯，哭的尾聲迤邐委曲。

2 禮無容：這是說喪親時，孝子的行為舉止不講究儀容姿態。

3 言不文：這是說喪親時，孝子說話不應詞藻華美，文飾其辭。

4 毀不滅性：因悲哀而損壞身體健康。毀，哀毀。

5 棺、槨（粵：國；普：guǒ）：古代棺木有兩重，裏面的一套叫棺，外面的一套叫槨。衣：指殮屍之衣。衾：指給死者鋪、蓋的被褥。

6 簠（粵：苦；普：fǔ）、簋（粵：鬼；普：guǐ）：古代盛放食物的兩種器皿。

7 擗（粵：僻；普：pǐ）：捶胸。踴：頓足。

8 卜其宅兆：指用占卜的辦法選擇墓地。宅，墓穴。兆，墳園，陵園。

譯文

孔子說：「孝子的父母亡故了，哀痛而哭，哭得像是要斷氣，不要讓哭聲拖腔拖調，綿延曲折；行動舉止，不再講究儀態容貌，彬彬有禮；言辭談吐，不再考慮詞藻文采；要是穿着漂亮豔麗的衣裳，會感到心中不安，因此要穿上粗麻布製作的喪服；要是聽到音樂，也不會感到愉悅快樂，因此不參加任何娛樂活動；即使有美味的食物，也不會覺得可口愜意，因此不吃任何佳肴珍饈；這都表達了對父母的悲痛哀傷的感情啊！喪禮規定，父母死後三天，孝子應當開始吃飯，這是教導人民不要因為哀悼死者而傷害了生者的健康。儘管哀傷會使孝子消瘦羸弱，但是絕不能危及孝子的性命，這就是聖人的政教。為父母服喪，不超過三年，這是為了使人民知道喪事是有終結的。父母去世之後，準備好棺、槨、衣裳、被褥，將遺體裝殮好；陳設好簠、簋等器具，盛放上供獻的食物，寄託哀愁與憂思；捶胸頓足，嚎啕大哭，悲痛萬分地出殯送葬；占卜選擇好墓穴和陵園，妥善地加以安葬；設立宗廟，讓亡靈有所歸依，供奉食物，讓亡靈享用；春、夏、秋、冬，按照時令舉行祭祀，表達哀思，追念父母。父母活着的時候，以愛敬之心奉養父母；父母去世之後，以哀痛之情料理後事，能夠做到這些，人民就算盡了孝道，完成了父母生前與死後應盡的義務，孝子奉事父母，到這裏就算是結束了。」

賞析與點評

眾所周知，儒家重禮。對儒家而言，禮儀不是「死」的規儀條文，而是「活」的生活「原則」。《孝經》以「喪親」作結，一方面，可以說明「孝」如何貫穿人的一生；另一方面，又可以讓我們從孝子的行葬居喪，了解儒家重禮的深層意義。所謂「禮源於俗」，本章開始的時候，就說明孝子在居喪期間生活如何：「哭不偯，禮無容，言不文，服美不安，聞樂不樂，食旨不甘」，全因為父母的死別，使子女痛不欲生，上述所言，孝子如此都是人之常情，故《孝經》云：「此哀戚之情也」。至親過世，子女飽受痛失親人之苦，為免在世者悲傷過度，所以儒家重視「節哀」。於是規定「三日而食」，都是為了避免孝子因為過分的傷痛而損害身體。因為「身體」的完好才可以為家族「傳宗接代」，實踐「孝道」的最終責任。

第二部分，從製棺槨，入殮，送葬；到占卜擇穴，立廟祭祀，孝子都要一絲不苟按規定去辦。今天，很多人都會認為這些是繁文縟節，但是這一切都發揮着心理治療的作用。因為不管是出殯、安葬，還是立廟祭祀，種種儀式都是指向同一目的：讓親人入土為安，魂歸有主。

所以，當孝子完成一項又一項的任務，最後讓至親安其所哉，心中的哀傷自然會得到舒緩。最後，所謂「為之宗廟，以鬼享之；春秋祭祀，以時思之」，就是讓後人懂得「慎終追遠」和「返本報始」，讓後人不要忘記延續家族血脈的責任。

「生事愛敬，死事哀戚，生民之本盡矣，死生之義備矣，孝子之事親終矣。」什麼是「孝道」？原來「孝道」就是「生事愛敬，死事哀戚」。若然大家還是嫌這「八字真言」難記，我們不妨記住「無我」二字。這裏所謂的「無我」，不是沒有了自己，只是放下自以為是的「自我」，並時常警惕自己，不要凡事把自己放在首位，這樣才可以做到「生事愛敬，死事哀戚」，才可以體現「孝道」的奧義。

名句索引

《禮記》

一至二畫

一年視離經辨志，三年視敬業樂群，五年視博習親師，七年視論學取友，謂之小成。　一四七
入其國，其教可知也。　二三四

三畫

凡人之所以為人者，禮義也。禮義之始，在於正容體、齊顏色、順辭令。　二五八
凡為人子之禮，冬溫而夏凊，昏定而晨省，在醜夷不爭。　○三七
小子識之，苛政猛於虎也。　○八○

大道之行也，天下為公。選賢與能，講信修睦，故人不獨親其親，不獨子其子，使老有所終，壯有所用，幼有所長，矜寡孤獨廢疾者，皆有所養。　一三八

大樂與天地同和，大禮與天地同節。　一八三

大學之教也，時教必有正業，退息必有居學。　一五一

四畫

今大道既隱，天下為家，各親其親，各子其子，貨力為己，大人世及以為禮。　一四〇

少而無父者謂之孤，老而無子者謂之獨，老而無妻者謂之矜，老而無夫者謂之寡。　一三一

六禮：冠、昏、喪、祭、鄉、相見。　一三六

五畫

古之君子，不必親相與言也，以禮樂相示而已。　二五一

玉不琢，不成器；人不學，不知道。　一四五

六畫

共牢而食，合巹而酳，所以合體、同尊卑以親之也。　二六六

刑者侀也，侀者成也，一成而不可變，故君子盡心焉。　一二〇

七畫

君子戒慎，不失色於人。　○六○

君子慎始，差若豪氂，繆以千里。　二四○

君子樂得其道，小人樂得其欲。　二○二

孝有三，大孝尊親，其次弗辱，其下能養。　二二六

八畫

其往也如慕，其反也如疑。　○七三

居處不莊，非孝也；事君不忠，非孝也；涖官不敬，非孝也；朋友不信，非孝也；戰陳無勇，非孝也。　二二六

居處有禮，進退有度。　二三六

昏禮者，將合二姓之好，上以事宗廟，而下以繼後世也，故君子重之。是以昏禮納采、問名、納吉、納徵、請期。　二六五

九畫

音者，生人心者也。情動於中，故形於聲。　一七二

春秋教以《禮》、《樂》，冬夏教以《詩》、《書》。 一一五

是故謀閉而不興，盜竊亂賊而不作，故外户而不閉。是謂大同。 一三八

十一畫

敖不可長，欲不可從，志不可滿，樂不可極。 ○二七

責成人禮焉者，將責為人子、為人弟、為人臣、為人少者之禮行焉。 二六一

啜菽飲水，盡其歡，斯之謂孝。斂手足形，還葬而無槨，稱其財，斯之謂禮。 ○七八

十二畫

博聞強識而讓，敦善行而不怠，謂之君子。君子不盡人之歡，不竭人之忠，以全交也。 ○五七

喪禮，與其哀不足而禮有餘也，不若禮不足而哀有餘也。祭禮，與其敬不足而禮有餘也，不若禮不足而敬有餘也。 ○七五

十五畫

樂也者，動於內者也；禮也者，動於外者也。 二二三

樂也者，聖人之所樂也，而可以善民心。其感人深，其移風易俗，故先王著其教焉。 一九五

樂者，天地之和也。禮者，天地之序也。 一八七

十六畫

學然後知不足，教然後知困。知不足，然後能自反也；知困，然後能自強也。故曰：教學相長也。　一四六

獨學而無友，則孤陋而寡聞。　一五五

十七畫

禮者，自卑而尊人。　〇三三

禮者，所以定親疏、決嫌疑、別同異、明是非也。　〇二九

禮尚往來，往而不來，非禮也；來而不往，亦非禮也。　〇三三

《孝經》

二畫

人之行，莫大於孝。　三一九

五畫

生事愛敬，死事哀戚。　三六五

六畫

在上不驕，高而不危；制節謹度，滿而不溢。　三〇六

七畫

孝，天之經也，地之義也，民之行也。　三一一

孝，德之本也，教之所由生也。　二九六

孝悌之至，通於神明，光於四海，無所不通。　三五七

君子之事親孝，故忠可移於君；事兄悌，故順可移於長；居家理，故治可移於官。是以行成於內，而名立於後世矣。　三四九

身體髮膚，受之父母，不敢毀傷，孝之始也。　二九八

八畫

非法不言，非道不行；口無擇言，身無擇行。　三一〇

十一畫

教民親愛，莫善於孝。教民禮順，莫善於悌。移風易俗，莫善於樂。安上治民，莫善於禮。　三四二